ACTUALITÉS SCIENTIFIQUES

LA

PRÉVISION DU TEMPS,

PAR

W. DE FONVIELLE.

PARIS,

GAUTHIER-VILLARS, IMPRIMEUR-LIBRAIRE

DU BUREAU DES LONGITUDES, DE L'ÉCOLE POLYTECHNIQUE,
SUCCESSEUR DE MALLET-BACHELIER,
Quai des Augustins, 55.

1878

LA

PRÉVISION DU TEMPS.

Paris. — Imp. GAUTHIER-VILLARS, quai des Grands-Augustins, 55.

ACTUALITÉS SCIENTIFIQUES.

LA

PRÉVISION DU TEMPS,

PAR

W. DE FONVIELLE.

PARIS,

GAUTHIER-VILLARS, IMPRIMEUR-LIBRAIRE
DU BUREAU DES LONGITUDES, DE L'ÉCOLE POLYTECHNIQUE,
SUCCESSEUR DE MALLET-BACHELIER,
Quai des Augustins, 55.

1878

servatoire de Paris une administration distincte. Le génie de Le Verrier n'a pu être encore complétement apprécié. Il y avait, en effet, dans cet homme célèbre des facultés trop variées; il avait obtenu des succès trop différents pour que ses contemporains aient déjà pu lui rendre toute la justice à laquelle il a droit.

Par ce fait même que nous n'étions attachés à Le Verrier que par les liens de l'admiration et de l'affection, nous croyons que notre témoignage pourra être utile à mettre en lumière le côté de son œuvre qui court le risque de ne point être apprécié à sa juste valeur.

A nos yeux, du moins, la postérité lui réserve une place à part dans l'histoire, précisément parce que, tout en poussant la science abstraite à ses dernières limites, il a su donner de nouveaux titres à l'Astronomie, en la mettant à même de rendre de nouveaux services à l'humanité !

Grâce à Le Verrier, les disciples de Descartes et de Newton comprendront la vérité de cette parole de Priestley : « Toute science qui n'est pas utile au bonheur du peuple n'est qu'un vain étalage de recherches pédantesques et ne possède aucun droit réel à notre admiration. »

Nous donnerons également des détails curieux sur le fonctionnement d'une institution qui attire à un si haut degré l'attention publique, et dont ni l'histoire ni l'organisation n'a encore été nulle part exposée. Il nous sera possible, grâce aux nombreuses confidences que nous avons reçues du créateur du système international, de montrer dans quel sens il faut diriger les améliorations futures pour développer ce qu'il a imaginé, sans en changer la nature et sans faire cesser la liaison intime qu'il a établie entre l'Astronomie et la Météorologie.

Les discussions approfondies qui se sont produites dans le sein du Conseil de l'Observatoire, auquel M. le Ministre de l'Instruction publique a adjoint un certain nombre de notabilités scientifiques, ont prouvé que la pensée de Le Verrier n'a point cessé de régner à l'Observatoire. On a pu se convaincre que les savants physiciens qu'il a formés à l'art si difficile de la prévision du temps sont restés fidèles aux enseignements qu'il leur a prodigués jusqu'au dernier jour de sa glorieuse carrière.

Tout en détachant de l'Observatoire les services que Le Verrier y a créés, le décret du 14 mai 1878 consacre toutes les améliorations que le savant astronome avait longuement méditées. Il donne une ample satisfaction à toutes les demandes qu'il a trop de fois adressées inutilement aux administrations précédentes.

En fait, on peut dire que le Bureau central a existé virtuellement pendant tout le temps que Le Verrier est resté à la tête de l'Astronomie et de la Météorologie françaises. Il n'est pas jusqu'à la séparation administrative de ces deux sciences que l'on ne doive considérer comme un dernier hommage rendu à sa mémoire.

En effet, en voyant la Météorologie absente de cet Observatoire astronomique où une statue consacrera sa gloire, nos successeurs comprendront que Le Verrier seul pouvait à la fois étendre l'empire de l'Astronomie et fonder celui de la Météorologie scientifique, couronner l'édifice dont les bases ont été établies par Newton et creuser les fondements de celui qui attend encore son Newton et même son Kepler. Si la séparation est devenue inévitable, n'est-ce pas parce qu'il a été nécessaire d'agir après la mort d'un si grand homme comme après celle d'un nouvel Alexandre et de partager ses conquêtes entre ses successeurs ?

Certainement les deux sciences ainsi séparées artificiellement ne sauraient jamais devenir ennemies l'une de l'autre. Le zèle des directeurs de l'Observatoire astronomique et du Bureau central ne créera jamais un état d'antagonisme que redoutait peut-être le dernier Conseil de l'Observatoire.

Les sages mesures conservatrices que cette haute assemblée a recommandées à M. Bardoux, Ministre de l'Instruction publique, ne sauraient manquer d'exercer une influence décisive sur les résolutions finales de l'administration. Alors qu'il n'était encore que Président du Conseil général de son département, M. Bardoux a inauguré le grand Observatoire du Puy-de-Dôme qui, dans la pensée de Le Verrier, devait servir de vigie aérienne pour rendre plus facile et plus sûr le régime des prévisions or-

ganisées d'après son système. Nul doute qu'il ne
tienne à honneur de couronner l'édifice à la fon-
dation duquel il a eu l'honneur de travailler, et
qu'il refuse de se laisser entraîner à changer les
plans si sagement conçus par l'illustre fondateur
de la Météorologie universelle.

Désormais rassuré sur la conservation d'un service qui lui appartient historiquement et qui le
met au-dessus des établissements rivaux et rend
toute comparaison impossible, l'Observatoire de
Paris peut prêter désormais son concours à toutes
les enquêtes qui se produiront au dehors. Il peut
encourager le développement de toutes les créations spéciales que le désir d'accélérer le progrès
des études météorologiques ne saurait manquer
de suggérer ou de susciter à une époque où la
constitution de cette science préoccupe si vivement
l'opinion.

LES ORIGINES DE LA PRÉVISION DU TEMPS.

Nous pourrions faire remonter jusqu'aux Grecs
l'histoire de la prévision du temps. En effet, il
ne faut pas croire que les philosophes de l'anti-
quité, comme on les en a accusés, n'aient vu dans
la Météorologie qu'un objet de pure curiosité.

L'art important qui permet de dire à l'avance
s'il faut se fier aux caprices des vents, si la semence
que l'on met en terre a des chances de se changer
en blé, n'était pas le monopole des prêtres des

faux dieux. Toute la Météorologie des Grecs n'était point résumée dans celle de Calchas lorsqu'il ordonnait au Roi des Rois de sacrifier sa fille pour obtenir un changement de temps.

Ainsi Théophraste a rédigé un livre entier sur les présages que l'on peut tirer de l'observation des astres, et même de l'allure des animaux. Cicéron, dans son *Traité de la divination*, distingue soigneusement celle qui consiste dans l'interprétation des phénomènes naturels, qu'il approuve, de celle qu'exercent les augures, qu'il combat, quand ils cherchent à lire dans les entrailles des victimes si l'eau du ciel ne viendra pas féconder les moissons.

Cependant on peut admettre que l'origine de la prévision rationnelle du temps remonte à Descartes; car lorsqu'il fit cette grande découverte, que la hauteur du baromètre varie suivant l'état de l'atmosphère, il lui donna la base expérimentale dont elle avait besoin.

Pascal, son disciple, fit un pas de plus dans cette voie féconde; car, après avoir reconnu que la hauteur du baromètre n'est pas la même quand le soleil est à un des solstices et quand il se montre à un des équinoxes, il ajoute :

« La connaissance de la hauteur du mercure est très-utile aux laboureurs, aux voyageurs, ..., pour connaître l'état présent du temps et le temps qui va suivre immédiatement. »

On peut donc dire que ce grand homme a net-

tement indiqué la voie que l'on devait suivre pour
résoudre le difficile problème qui nous occupe,
car les mouvements du baromètre sont encore de
nos jours la base essentielle de la prévision du
temps.

C'est par l'étude et la combinaison des symptômes barométriques que les physiciens cherchent
à l'organiser; mais ils le font à l'aide de procédés
que ni Pascal ni Descartes, malgré tout leur génie,
ne pouvaient deviner; car il aurait fallu une intel-
ligence plus qu'humaine pour supposer qu'un jour
les physiciens parviendraient à supprimer la distance en utilisant le fluide dont la superstition
avait armé Jupiter.

Toutefois Pascal ne découvrit pas la vraie cause
des mouvements barométriques, car il s'imagina
que le baromètre doit monter chaque fois que l'air
est chargé de vapeurs, c'est-à-dire chaque fois que
le ciel se couvre plus ou moins. Il lui semblait que
le poids de la colonne atmosphérique est augmenté
alors de celui des nuages, opinion bizarre qui est
restée dans les préjugés populaires.

Mariotte, qui observa le baromètre pendant plus
de temps que Pascal n'eut le loisir de le faire,
constata que l'air est plus léger, au contraire, en
temps d'orage. Il comprit que les molécules de
vapeur pesant moins que les molécules d'air
qu'elles remplacent ont, malgré leur densité
moindre, la faculté de supporter également bien la
pression ambiante.

Pascal avait assimilé les molécules d'air à des balles de laine entassées les unes sur les autres et pesant de tout leur poids sur celles qui les supportent.

Mariotte supposa que, lorsqu'il va pleuvoir, on peut admettre que les dernières balles de laine peuvent être remplacées par des balles d'une substance moins lourde, et que le poids qui pèse sur les êtres vivants à la surface de la Terre est diminué à la suite de cette substitution; qu'il est moindre en proportion du nombre des molécules de vapeur qui se sont insinuées.

Théophraste avait reconnu que tous les vents ne soufflent pas horizontalement : cette idée avait été admise par Mariotte afin de compléter la théorie qu'il venait d'ébaucher.

Il dit que les vents du sud et du sud-ouest soulèvent l'air supérieur et soulagent le ressort de l'air intérieur, de sorte qu'il voit une raison pour admettre que le baromètre baisse quand ils soufflent même au-dessus des nuages, dans des régions où il croyait impossible de parvenir jamais à démontrer leur présence ; car, pas plus que Descartes n'avait prévu le télégraphe électrique, Mariotte n'avait deviné les ballons.

Il ajoute que le vent du nord et du nord-est, qui est sec et froid, annonce également son arrivée par un mouvement ascendant du mercure, non-seulement parce que les molécules de l'air qu'il charrie sont plus denses et plus lourdes, mais parce que sa direction est telle qu'il souffle de bas en haut, et que par conséquent il comprime les couches que nous respirons.

Quoique les choses ne se passent pas d'une façon aussi régulière, et par conséquent aussi simple, la science de la prévision du temps n'a fait que donner une confirmation générale aux idées de ce savant.

Mariotte fut le premier physicien qui chercha un symptôme du temps futur dans la manière dont les courants aériens se transforment, et il proposa en conséquence la première loi de rotation des vents.

Il enseigna que le temps a une tendance à se mettre au beau toutes les fois que le vent passe du sud au nord en tournant par l'ouest, et qu'il a des chances pour se gâter lorsqu'il vire en sens inverse.

Quoique les présages indiqués par Mariotte n'aient pas la valeur que ce physicien leur attribuait, c'est avoir fait preuve d'une singulière perspicacité que d'avoir soupçonné une distinction d'une nature aussi délicate. Des physiciens allemands n'ont eu d'autre peine que d'imiter sa méthode pour acquérir à peu de frais, de nos jours, une grande réputation.

Toujours oublieux des titres de nos compatriotes, nous nous sommes bien gardés de nous rappeler que l'on rééditait à Berlin une loi que Mariotte nous avait déjà donnée.

C'est également en France que l'on mit pour la

première fois en pratique d'une façon sérieuse les idées de Descartes et que l'on exécuta réellement des observations simultanées du baromètre, comme le grand philosophe l'avait fait lui-même à Stockholm, auprès de la reine Christine, où il passa les dernières années de sa vie. Les *Mémoires de l'Académie des Sciences,* à défaut d'autres documents, suffiraient pour nous montrer que ces comparaisons, identiques à celles que l'on fait de nos jours, furent poursuivies avec assez d'ordre et de régularité pour en déduire des résultats très-importants. En effet, Maraldi annonce, dès 1741, dans l'*Histoire de l'Académie*, que les grands mouvements barométriques se produisent souvent dans les mêmes circonstances, en France, en Angleterre, en Espagne et en Italie.

Ce grand fait, qui sert de base aux prévisions du service international, a donc été établi par l'Académie des Sciences de Paris, à l'aide d'observations nombreuses, multiples, discutées avec soin, cent cinquante ans avant l'époque où un des successeurs de Maraldi eut l'idée d'en tirer parti pour la prévision rationnelle du temps, à l'aide du télégraphe électrique, inventé par un autre Membre de la même Académie des Sciences de Paris.

Il n'est pas jusqu'aux instruments enregistreurs, dont l'utilité est incontestable dans la prévision du temps, et sans lesquels les lois du temps échapperaient fatalement, qui n'ait son origine incontestable dans les travaux de l'ancienne Académie de Paris.

Dès le commencement du xviiie siècle, on construisait à Paris des appareils que l'on nommait *observateurs automates,* parce qu'ils inscrivaient les modifications du baromètre et du thermomètre aussi exactement que l'eût fait un *valet d'Astronomie.*

Un des Membres les plus célèbres et les plus riches de la Compagnie, le comte d'Ons-en-Braye, se faisait une grande réputation en construisant ses instruments enregistreurs, qu'il léguait par testament à l'Académie des Sciences. Son cabinet, situé dans sa maison de campagne de Bercy, où il les faisait constamment fonctionner, était une des curiosités que le czar Pierre le Grand visita.

Frappé d'admiration, il envoya au comte d'Ons-en-Braye plusieurs objets façonnés par ses mains impériales et demanda comme une faveur insigne qu'ils figurassent dans le cabinet de Bercy, à côté des merveilles de la Météorologie française.

Mais, quels que soient les services rendus par l'Académie à la propagation du baromètre dans les cabinets de Physique, c'est surtout auprès des marins que l'influence de la savante Compagnie a été remarquable, car le baromètre est devenu très-rapidement entre leurs mains un instrument presque aussi répandu que la boussole.

En effet, s'il est reconnu depuis plus d'un siècle que les indications du seul baromètre ne sont pas suffisantes pour se faire une idée de l'état du temps, on admet aussi depuis très-longtemps qu'il n'y a pas de grande tempête qui ne soit précédée de grands mouvements barométriques, dont le navigateur soigneux ne négligera jamais de tenir compte.

On peut lire, dans le Dictionnaire de marine de l'*Encyclopédie méthodique*, le témoignage d'un grand nombre de marins et d'astronomes célèbres qui prouvent que des vaisseaux et même des flottes entières ont échappé au naufrage, parce que le baromètre étudié à temps a averti les équipages qu'un ouragan s'approchait.

Plusieurs physiciens célèbres, tels qu'Amonton ont cherché à réaliser des combinaisons plus ou moins ingénieuses, plus ou moins pratiques, pour que les marins puissent, malgré l'agitation des vagues, observer un instrument dont de si importants services avaient triomphalement établi l'utilité.

C'est également à des marins que l'on doit la connaissance des moussons et des alizés, c'est-à-dire des vents réguliers dont le retour à peu près infaillible prouvé que le désordre des éléments n'est pas aussi grand qu'on le suppose dans les océans équatoriaux et que, malgré la violence avec laquelle elle se déchaîne, la tempête des mers tropicales a des lois plus faciles à saisir que celles de nos régions tempérées.

Au milieu du xviie siècle, les *Transactions philosophiques* publièrent un Mémoire dans lequel l'auteur cherchait à établir que les ouragans des Indes-Occidentales commencent par un vent nord, qui tourne au nord-ouest, puis au sud-ouest, et que le vent se calme lorsqu'il a passé au sud-est.

S'appuyant sur des observations qui avaient été faites de 1760 à 1770, le colonel Carpenter essaya de mettre en évidence le mouvement gyratoire des orages dans un ouvrage *Sur les vents et les moussons*, publié en 1801.

C'est à peu près à cette époque qu'il faut rapporter la première conception d'un système de prévision du temps basé sur l'observation du mouvement de rotation des vents.

Marsden, secrétaire de l'Amirauté britannique, chercha à établir dans les Indes-Occidentales des observations régulières, destinées à mettre en évidence ce fait important. Suivant l'amiral Fitz-Roy, l'original du Mémoire où ces premiers résultats étaient discutés se trouvait encore il y a une vingtaine d'années entre les mains d'un officier général de la marine britannique.

Mais ces deux tentatives, considérées comme prématurées, furent suivies d'une longue période pendant laquelle personne ne s'occupa de la nécessité d'étudier d'aussi grands phénomènes, dont, malgré leur ignorance, les indigènes étaient parvenus à reconnaître la régularité. Bien des années s'écoulèrent avant que l'on comprît en Europe l'intérêt qu'il y aurait à reconnaître la nature de l'influence du mouvement annuel ou du mouvement diurne sur la formation de ces effrayants météores.

2

L'auteur qui eut la gloire d'attacher son nom à cette renaissance des études météorologiques se nommait Redfield.

C'était un simple mécanicien américain, qui avait le génie des observations et le goût de la navigation. Il fut employé dans la navigation à vapeur sur l'Hudson.

Sir Mayne-Reid, qui, après avoir servi avec distinction sous le duc de Wellington pendant la guerre de l'Indépendance espagnole, avait été nommé gouverneur des Bermudes, ayant eu occasion de lire les travaux de Redfield, leur donna un plus grand degré de précision et publia, en 1849, un volume *Sur les progrès du développement de la loi des orages et des vents variables*. Il en tira des conseils pratiques pour les marins surpris par des ouragans.

C'est ce savant qui établit qu'il existe des cyclones dans l'océan Austral, mais que leur rotation se produit en sens inverse de celle des phénomènes analogues de l'autre moitié de la sphère terrestre.

Il reconnut que le mouvement du centre de rotation, dans sa marche vers le pôle, n'est que d'un petit nombre de milles par heure, même pendant les plus violentes tempêtes. Il montra de plus, fait non moins surprenant, que le diamètre du météore, c'est-à-dire celui du cercle que décrivent les molécules d'air dans leurs mouvements furieux, peut aller jusqu'à 200 milles et même au delà.

En 1838, l'Amirauté britannique adopta la proposition de sir W. Reid, expédia des instructions aux officiers du génie en station dans les colonies des Antilles, et leur ordonna de faire des observations.

Les travaux de sir W. Reid furent développés par M. Piddington, de Calcutta, et inspirèrent M. Meldrum, membre de la Société météorologique de l'Ile-de-France, qui continue à se livrer à cet ordre si intéressant de travaux à l'aide desquels on ne croyait fonder encore que la prévision du temps dans les régions tropicales. On était loin de prévoir, au milieu du siècle, que quelques années plus tard ces théories fourniraient à Le Verrier le levier dont il s'est servi pour placer sur des bases universelles la science de la prévision du temps.

En tête du tome VIII de ses OEuvres, consacré à l'*État thermométrique du globe,* Arago se défend, comme d'une mauvaise action, d'avoir jamais rien écrit, rien dit, rien pensé même, qui pût faire croire que, dans l'état actuel de la science, on pût dire, un jour à l'avance, le temps qu'il fera le lendemain.

Il passe en revue les théories renouvelées des Grecs, à la fin du xviii⁰ siècle, et dans lesquelles on suppose que la position de la Lune dans son orbe permet de donner une raison scientifique des irrégularités apparentes des saisons.

Il cherche à montrer que, ni la période de 9 ans, nécessaire à l'apogée lunaire pour décrire un tour entier du ciel, ni la période de 19 ans, après laquelle les mêmes jours de la Lune reviennent aux mêmes jours du mois, n'introduit des périodes analogues dans l'histoire du temps. Il s'efforce de prouver que de 9 en 9 ans, ou de 19 en 19 ans, les années se suivent sans posséder aucun caractère commun. Il est vrai, il n'a pas examiné si la combinaison de ces deux périodes ou celle de 191 ans donnerait quelque chose ; mais les observations météorologiques sont trop peu anciennes et trop peu sûres pour que les recherches puissent remonter aussi loin.

L'idée d'employer régulièrement le télégraphe n'a pas été émise pendant toute la période où l'instrument inventé par les frères Chappe a agité ses longs bras.

Si l'on a annoncé plusieurs fois que des tempêtes éclataient sur la Manche ou sur la Méditerranée, ce fut par hasard, sans plan arrêté, mais jamais avec la pensée d'en tirer parti pour la prévision du temps.

On ne songea même pas à enregistrer systématiquement les interruptions forcées du service par les brumes, et ces renseignements fort précieux, s'ils n'ont été détruits, dorment en paix dans les archives administratives de la France.

Le télégraphe électrique avait même reçu un certain développement quand l'idée de le faire servir à la prévision du temps commença à se faire jour.

PÉRIODE DE LE VERRIER.

Si Arago eut la gloire d'avoir inventé le télégraphe électrique en collaboration avec le grand Ampère, Le Verrier a eu l'honneur, à peine moindre, de lui donner son emploi le plus utile à l'humanité. Les mouvements des astres eux-mêmes acquerront incontestablement un nouveau charme et un nouveau prix à nos yeux, dès que cet instrument nous aura appris à reconnaître leur influence sur les éléments qui nous entourent, sur les grands mouvements de l'air, ainsi que sur la génération des foudres et des nuées.

Le pas le plus important pour la constitution d'un système rationnel de prévision du temps fut fait en 1851, lors de la grande Exposition internationale à Londres. En effet, on affichait tous les jours, aux portes du Palais de cristal, des télégrammes venant de toutes les parties du royaume et indiquant le temps qu'il faisait.

On put alors reconnaître que les tempêtes qui se déclaraient en Irlande arrivaient généralement à Londres, après un temps suffisant, pour qu'on eût pu prévenir, si on l'avait voulu, les habitants de la métropole, de la visite du météore qui s'approchait.

Mais les idées simples ne se propagent pas d'elles-mêmes : c'est par suite de circonstances exceptionnelles, souvent funestes, que le progrès s'accomplit. Les étapes du savoir sont le plus souvent

2.

marquées par les épreuves successives à travers lesquelles a dû passer l'humanité.

Un événement terrible, dont Le Verrier dut mettre à profit les enseignements, permit à l'illustre astronome de jeter les bases d'un service public qui s'étend de proche en proche dans les parties les plus reculées du monde. Quelles que soient les lacunes du système qu'il nous a laissé, il permettra d'inscrire son nom au nombre des bienfaiteurs du genre humain.

Une tempête ayant éclaté dans le canal Saint-Georges, le *Royal Charter* fut jeté à la côte. Vingt-quatre heures plus tard, le *Henry IV* périssait de même dans la mer Noire.

Dans la séance de l'Académie des Sciences de Paris du 19 mars 1855, Le Verrier exposa avec une étonnante clarté et une inconcevable précision les avantages qu'il y aurait à employer le télégraphe pour expédier des avertissements utiles aux agriculteurs et surtout aux marins.

On nous dispensera de résumer les singuliers arguments que des physiciens du plus haut mérite opposèrent à une si utile proposition.

A cette époque, où la théorie n'était pas encore établie, Le Verrier croyait le problème beaucoup plus simple qu'il n'est en réalité. Il pensait, en effet, que les vents se propagent toujours à peu près en ligne droite dans le sens de leur direction; c'était l'idée la plus naturelle, à laquelle un esprit doué au plus haut degré de la faculté de généraliser les faits particuliers devait inévitablement commencer par s'arrêter.

L'Académie des Sciences de Paris avait mis, pendant trente ans, à l'étude le mouvement d'une molécule d'air, soumise à l'action des forces perturbatrices qui agitent l'atmosphère.

Quoique aucun Mémoire digne d'un Rapport n'ait été déposé pendant ce long laps de temps, et que la question ait été retirée vierge du concours, beaucoup de savants s'imaginaient encore que la solution de la question pouvait être donnée par une généralisation nouvelle des procédés de la *Mécanique céleste*.

Il suffit à un homme de génie d'avoir une inspiration heureuse pour ouvrir la voie dans laquelle l'analyse la plus sublime n'aurait pu se lancer, et qui, sans l'observation de la nature, nous aurait été éternellement fermée.

Les personnes curieuses de connaître avec détails la formation du service météorologique international, en France, peuvent consulter l'*Historique des travaux météorologiques de l'Observatoire de Paris*, publié par Le Verrier, en tête de l'*Atlas des mouvements généraux de l'atmosphère pour* 1864. On trouvera dessiné, d'année en année, le tableau chronologique des progrès de l'organisation dont nous jouissons actuellement, et qui est établie dorénavant sur des bases indestructibles.

Guidé par ce résumé et par les journaux scientifiques ou politiques contemporains, on pourrait avec utilité retracer le tableau des luttes acharnées dans lesquelles Le Verrier a constamment fait preuve de la plus admirable logique et de la plus honorable ténacité.

On verra les plus grands personnages de l'État intervenir dans des débats où la science seule aurait dû se trouver intéressée.

Des querelles, souvent très-vives, prenant naissance sous le dôme de l'Institut, troublaient les frais ombrages de Compiègne et occupaient sérieusement les loisirs du souverain.

Les passions politiques auxquelles on refusait leur essor légitime se vengeaient en dénigrant ces innovations. La Météorologie moderne était déchirée par des écrivains qui croyaient faire preuve de patriotisme et de libéralisme en déchirant des doctrines que l'on pouvait croire agréables au Gouvernement.

Le Verrier eut à lutter contre tout le monde, même contre les fabricants d'almanachs, dont il ne craignit pas de démasquer l'imposture, ce qui augmenta le nombre de ses ennemis.

Quand il en sera temps, nous présenterons au public le tableau de ces débats mémorables, dont le souvenir ne doit pas périr, car l'héroïsme scientifique de l'illustre directeur de l'Observatoire a peu d'analogie dans l'histoire de l'esprit humain.

La discussion des observations et des cas nombreux dans lesquels les prévisions étaient en défaut conduisit Le Verrier à reconnaître que les tempêtes ne suivent pas toujours des trajectoires géométriques. Il vit que, sous l'influence de circonstances inconnues, elles offrent des variations de courbure et quelquefois même de véritables points de rebroussement. Le physicien qui cherche à déterminer la route qu'elles suivront se trouve dans le cas des astronomes de la fin du VIIᵉ siècle, quand ils voulaient deviner la position des comètes avant de savoir qu'elles décrivent, comme les planètes, des sections coniques dont le Soleil occupe un des foyers.

Grâce à l'entente cordiale de la France et de l'Angleterre, la Météorologie moderne finit néanmoins par prendre une si grande importance, que toutes les puissances européennes donnèrent successivement leur concours à cette grande œuvre. Toutes les rivalités, toutes les jalousies furent vaincues.

Le service international, fondé sur des bases inébranlables, continua à fonctionner, même lorsque Le Verrier dut quitter l'Observatoire, et les malheurs de la France n'entraînèrent pas non plus sa suppression.

Lorsque, à la suite d'un événement tragique, M. Thiers eut à nommer un directeur à l'Observatoire, il rappela Le Verrier.

Nous raconterons plus loin les incidents qui ont signalé cette restauration du plus grand astronome qu'ait eu la France par la main du plus grand de ses politiques.

ÉTABLISSEMENT DU SERVICE MÉTÉOROLOGIQUE
A L'ÉTRANGER.

L'établissement du service anglais ne fut ni moins long ni moins pénible que celui du service français.

L'amiral Fitz-Roy eut à lutter contre les mêmes préjugés scientifiques.

Les arguments que Le Verrier eut à combattre furent repris de l'autre côté du détroit. Même à cette heure, malgré les progrès de tout genre qui se sont accomplis, certains esprits chagrins refusent à la Météorologie le nom de science ; ils s'expriment dans les termes les plus sévères lors des enquêtes parlementaires : s'il ne tenait qu'à eux, les services météorologiques que M. Glaisher a organisés à l'Observatoire de Greenwich en seraient expulsés. Dans un ordre inverse de préoccupations, avec des arguments diamétralement opposés, les météorologistes qui voudraient émanciper leur science n'arriveraient qu'à la décapiter.

L'Association britannique pour le progrès des sciences joua un rôle considérable dans le développement de la Météorologie et dans la création de toutes les méthodes d'études qui devaient mettre en évidence la possibilité de rédiger des avis en prévision du temps.

Cette société célèbre employa son immense influence à lutter contre des préjugés qui étaient enracinés dans l'état-major de la Société royale de

Londres. Le concours de la presse politique, qui lui était acquis, dut être employé avec activité et persévérance pendant nombre d'années pour triompher d'une si dangereuse opposition.

Mais ce fut seulement en 1855 que le Gouvernement britannique créa le Bureau météorologique du *Board of Trade*, en 1859, que le Ministère distribua des thermomètres et des baromètres étalonnés à différentes stations situées sur les côtes, et enfin en 1861 que le *Board of Trade* publia ses précieux avis en prévision du temps, dont la rédaction fut confiée à l'illustre amiral Fitz-Roy.

L'amiral était un esprit vif, prime-sautier, supportant difficilement la contradiction ; il n'avait pas l'autorité incontestable de Le Verrier, et sa réputation d'excellent navigateur ne lui était que d'un médiocre secours en face d'une aussi formidable hostilité. On préférait les sophismes d'un gradé de l'Université d'Oxford ou de Cambridge à la logique naïve d'un homme dont le seul mérite était d'avoir guidé le pavillon britannique sur tous les océans.

Les sarcasmes dont des prévisions malheureuses furent l'objet, joints à d'autres chagrins, agitèrent tellement l'esprit de ce brave marin, qu'il se coupa, dit-on, la gorge dans un moment de désespoir.

Comme il n'y a point, paraît-il, de science qui ne puisse se dispenser d'avoir ses martyrs, la météorologie devait fatalement avoir le sien.

Cette issue tragique fut fatale au service météorologique, qui faillit être supprimé. Cependant on conserva les signaux que le savant amiral avait imaginés, et l'on augmenta le nombre des stations. Les observatoires météorologiques pourvus d'instruments enregistreurs reçurent une véritable organisation scientifique. Les prévisions, qui avaient été à peu près interrompues, reprirent sous une forme plus modeste, mais cependant suffisante pour les besoins de la marine ; elles furent soumises au contrôle de Commissions officielles nommées par le Gouvernement.

Les *blue books* contiennent donc un nombre considérable de documents importants pour l'histoire pratique de la prévision du temps.

Quoique l'ensemble des résultats acquis puisse être considéré comme satisfaisant et que le résumé des dernières enquêtes constate un progrès réel, le Parlement britannique et le *Board of Trade* n'ont pas conservé l'organisation primitive.

Vers le milieu du mois de juin 1877, une véritable révolution s'est produite dans la Météorologie britannique.

Un Comité de quarante Membres nommés par la Société Royale a été chargé de diriger les opérations du Bureau météorologique.

M. Robert Scott, qui était directeur de cet office, a été nommé secrétaire de cette nouvelle administration.

Mais cette modification profonde, quels qu'en soient les motifs, ne restera pas stérile ; car le Par-

lement a augmenté considérablement les ressources mises à la disposition du service de la
prévision du temps.

Les crédits accordés ont été portés, pour 1878,
à la somme de 250 000^{fr}, et une somme de 100 000^{fr},
qui sera elle-même portée à 250 000 par un crédit
supplémentaire, a été mise à la disposition du
Bureau de prévision, afin de procéder aux expériences et aux recherches nécessaires pour le perfectionnement de la théorie. Les membres auront
eux-mêmes à se partager entre eux une somme de
25 000^{fr} en jetons de présence ou en traitement.

De l'autre côté du détroit, ce n'est pas seulement le Gouvernement qui donne ces preuves
multiples de sa sollicitude pour la solution des
questions qui tiennent à la prévision du temps :
le public, qui est resté si longtemps indifférent
en France, s'y est passionné pour la Météorologie
avec un élan des plus honorables.

Le *Times,* qui, dans cette circonstance comme
dans tant d'autres, a conservé son rôle de *leader,*
publie chaque jour deux cartes gravées par des
procédés instantanés, et donnant d'une façon excessivement simple une idée générale de la situation
météorologique à 8 heures du matin et à 2 heures
de l'après-midi. En France, l'*Opinion nationale*
a bien essayé pendant quelque temps de publier
des cartes du temps, mais ce journal n'a pas tardé
à succomber.

Les trois couronnes scandinaves ont rétabli, au

3

profit de la science, dont les intérêts dynastiques ne peuvent empêcher le progrès, la célèbre union de Calmar. Un seul atlas météorologique réunit les renseignements recueillis dans des contrées fort exposées aux orages du nord et du sud et où, par conséquent, la connaissance des phénomènes atmosphériques offre un intérêt tout spécial.

L'étude de la Physique du globe a toujours été populaire dans ces belles contrées, où Vargentein a découvert la corrélation de l'apparition des aurores avec l'aiguille aimantée, et où le grand Hansteen a deviné les lois mystérieuses qui lient la science de l'air à celle des corps célestes.

Aussi ne faut-il pas s'étonner du soin et du succès exceptionnels avec lesquels les questions météorologiques sont traitées dans le pays des OErsted, des Tycho Brahé et des Linné.

La Hollande, la Suisse et la Belgique se distinguent par une organisation aussi riche que sagement établie. Il faudrait un chapitre entier pour décrire l'organisation des observatoires météorologiques si nombreux et si intelligemment organisés dans chacune de ces trois contrées.

L'observatoire de Constantinople, grâce au zèle de M. Coumbary, fait parvenir régulièrement aux offices associés les renseignements relatifs à un certain nombre de stations situées dans différentes parties de l'Empire ottoman, non-seulement en Europe, mais même en Asie. Les malheurs d'une guerre funeste n'ont point interrompu le développement d'une si importante création.

Il y a longtemps que les études météorologiques sont devenues une des préoccupations des physiciens russes et des physiciens allemands : il n'y en a pas qui aient accumulé plus de chiffres ; mais l'art de la prévision du temps n'a pas eu grand'chose à glaner dans ces contrées, dont l'exemple était invoqué par M. Biot quand il s'opposait à la création du service des prévisions. Nous y trouverions facilement bien des preuves du danger des prétentions à la rigueur des recherches astronomiques quand il s'agit d'observations d'une nature si différente.

Les savants suisses se distinguent au contraire par un discernement exquis ; la multiplicité de leurs observations leur fait autant d'honneur que le luxe de l'impression et la lucidité des explications dont leurs tableaux sont accompagnés.

L'Autriche et l'Italie possèdent les mêmes qualités ; une étude approfondie de ces deux réseaux aurait donc pour résultat d'introduire en France plus d'une utile amélioration.

Mais les détails que nous pourrions donner sur ces organisations particulières offriraient un double emploi avec ceux qui seront nécessaires pour faire apprécier l'importance du service qui les réunit toutes en un seul faisceau, conformément à une des profondes conceptions de Le Verrier.

Quoique profondément dévoué à la gloire et à l'indépendance de sa patrie, ce grand homme avait toujours devant les yeux la nécessité de ne pas faire attention aux divisions politiques, qui n'ont aucun sens au point de vue du météorologiste.

Il ne tenait tant à fonder la Météorologie française que parce qu'il savait bien qu'il fondait en même temps la Météorologie universelle, à l'aide de laquelle ses successeurs pourront un jour remonter jusqu'aux sources des orages, pénétrer leurs causes et par conséquent prévoir d'une façon sûre les vicissitudes des saisons.

LE SERVICE INTERNATIONAL.

Le service international, dont les documents sont quotidiennement reproduits dans tous les journaux d'Europe, est établi dans le but d'envoyer à la marine et aux agriculteurs des avis rédigés en prévision du temps.

Il se compose d'autant d'offices particuliers qu'il y a de nations en Europe. Chacun de ces offices est situé généralement dans la capitale du pays auquel il appartient. Cependant Utrecht est le chef-lieu météorologique de la Hollande, et Turin celui de l'Italie.

La seule annexion sur la côte méridionale de la Méditerranée est l'Algérie ; mais, pour obtenir communication des observations qui s'y font quotidiennement, Le Verrier a dù lutter avec une singulière énergie. En effet, les physiciens algériens avaient pris l'habitude de faire leur lecture à des heures qui ne sont point usitées en Europe; ils avaient adopté le système américain, de sorte qu'ils recueillaient des résultats qui n'étaient pas comparables à ceux du réseau européen. Malgré de longues polémiques, dans lesquelles nous avons aidé de tout notre pouvoir la cause de la vraie science, il a été impossible de triompher de leur résistance.

Le service météorologique établi par le gouvernement général a conservé une existence indépendante et l'on ne sait encore si le décret du 12 mars 1878 leur sera appliqué.

Les fonctions de chaque office national sont multiples. Il doit commencer par recueillir et combiner, sous sa responsabilité, les renseignements transmis par les autres offices; une fois le travail effectué, il doit expédier sur tout le territoire de la nation à laquelle il appartient des avis en prévision du temps.

Ensuite il doit faire parvenir, suivant des règles fixées par des arrangements internationaux, les renseignements qu'il a reçus des différentes stations nationales dont il a la direction.

Enfin les offices internationaux de Scandinavie, d'Allemagne, de Hollande, de Belgique, de Suisse et de France publient chaque jour (quelquefois le dimanche excepté) des journaux spéciaux, renfermant et commentant les avis émis en prévision du temps.

Chaque office administre à sa guise ses stations;

3.

cependant un système général d'observations a été adopté d'un commun accord. La forme des télégrammes, pour lesquels la franchise postale est accordée, a été réglée. Enfin toutes les nations européennes, excepté la France, font partie d'une association météorologique internationale, qui a établi à Utrecht un bureau permanent placé sous la direction de M. Buys-Ballot. Chaque année le Congrès se réunit dans une ville désignée à l'avance.

Les avis du service météorologique anglais sont transmis aux ports de France concurremment avec ceux du service français; c'est par l'intermédiaire des Ministres de la marine qu'a lieu cette communication.

Sur les côtes du Royaume-Uni, l'amiral Fitz-Roy a fait ériger des sémaphores destinés à communiquer aux marins les renseignements télégraphiques. Ce système de signaux a été conservé après avoir subi de légères modifications.

Le service météorologique français avait pour chef-lieu l'Observatoire national. Il était placé directement sous le contrôle efficace et effectif du directeur de cet établissement.

Le Verrier vérifiait lui-même les avertissements expédiés sous la signature d'un fonctionnaire qui avait rang d'astronome, et prenait place au Conseil de l'établissement.

On ne peut pas évaluer à plus de 30000^{fr} l'importance des crédits dont disposait la Météorologie internationale.

Les nécessités budgétaires limitant fatalement le nombre des employés, le chef de service ne pouvait borner son rôle à la surveillance de ses subordonnés : il faisait la semaine de service au même titre que le physicien adjoint.

C'est grâce à cet esprit d'économie et à cette activité incessante qu'un personnel restreint, auquel Le Verrier s'efforçait de communiquer le feu qui le dévorait lui-même, arrivait à ne laisser en souffrance aucune des branches des trois services composant la division météorologique de l'Observatoire.

Le même fonctionnaire, quel que fût son rang, faisait également le service du matin et le service du soir. Il veillait à la présence des aides et des employés, qui signaient une feuille de présence à 9ʰ du matin.

La réception et la transmission des télégrammes se font depuis plusieurs années à l'aide d'un bureau spécial établi à l'Observatoire, et mis en communication directe, par un fil particulier, avec le bureau de la rue de Grenelle.

L'Observatoire reçoit régulièrement deux fois par jour les télégrammes venant des différentes capitales où sont centralisés les renseignements particuliers à la nation. En échange, il expédie à chacune de ces villes le résumé des observations faites dans les différentes stations françaises.

Les remarques générales sont seules écrites au long ; quant au résultat des observations, il est in-

diqué par une série de chiffres, suivant le nom
de la station, dans un ordre parfaitement déterminé.

C'est à Le Verrier qu'on doit l'idée de cette
nomenclature abrégée. Son esprit généralisateur
ne devait point s'arrêter à cette innovation. Il en
tira un procédé fort simple pour supprimer les
tableaux typographiques, dont les météorologistes
abusent tant. Les observations enregistrées d'après
ce procédé dans le *Bulletin de l'Association française pour le progrès des Sciences,* dont il fut le
fondateur, offrent des modèles de simplicité, de
précision et de bon marché.

Les observations sont envoyées aux ports de la
Manche, aux ports de Bretagne, aux côtes du golfe
de Gascogne et aux côtes de la Méditerranée;
chacun de ces quatre districts reçoit individuelle-
ment les avis dont il a besoin. Ces renseignements
sont transmis deux fois par jour, de sorte que les
ports sont certains d'être prévenus de tout changement soudain, chaque fois que le physicien de
service s'acquitte de sa mission avec un soin suffisant. Les avis spéciaux aux ports sont reproduits
quotidiennement dans le *Bulletin international,*
qui renferme, en outre, un bulletin d'avis généraux et un choix des observations les plus intéressantes, parmi toutes celles qui ont été transmises
avant son impression.

Tous les offices étrangers ont successivement
imité l'exemple que leur donnait Le Verrier. C'est

surtout l'Amérique qui se distingue, comme nous le verrons, dans ce genre de publications.

Mais, par suite de la division établie par les nations étrangères entre l'Astronomie et la Météorologie, il n'y a que les astronomes français qui aient à leur disposition un organe quotidien.

Ce *Bulletin* est envoyé généreusement à tous les journaux qui en font la demande, même sans leur imposer l'obligation d'expédier un exemplaire de leur feuille. Un grand nombre de directeurs ont compris la nécessité de répondre, par une politesse utile au progrès des Sciences, à cette libéralité; mais il serait à désirer qu'un règlement rendît l'échange obligatoire, afin de constituer le registre de tous les faits météorologiques extraits des journaux quotidiens.

Cette collection, qui devait être faite au jour le jour par le secrétariat de l'Observatoire, est une des plus originales créations dues à l'esprit inventif de Le Verrier.

Non content de publier son *Bulletin,* Le Verrier faisait copier, pour les journaux qui le demandaient, un résumé des observations, au moment même où elles allaient être imprimées. Informer le public était, suivant Le Verrier, un devoir étroit, et il se donnait plus de mal qu'on ne le pense pour assurer autant qu'il était en lui un si essentiel résultat.

Le fil direct lui a servi plus d'une fois à assurer aux astronomes français la priorité d'une découverte intéressante, et à leur permettre de vérifier les faits nouveaux annoncés par leurs émules étrangers.

Chaque dépêche était transmise au directeur de l'Observatoire; elle portait la mention de l'heure du départ ou de l'heure de l'arrivée. Suivant Le Verrier, cette mesure était le seul moyen de s'assurer que le service marchait régulièrement.

Avant de se retirer, le fonctionnaire de service faisait au directeur de l'Observatoire un Rapport détaillé sur la situation météorologique.

Chaque matin, à 10ʰ, se présentait régulièrement, à l'Observatoire, un second fonctionnaire prêt à suppléer le titulaire de service, s'il était empêché ou subitement indisposé.

Le Verrier tenait la main, d'une façon rigoureuse, à l'exécution de ces différentes conditions. Voici comment l'illustre astronome s'exprime à cet égard :

En Angleterre, le chef du service, M. Robert Scott, est présent lui-même de 10ʰ du matin à 5ʰ du soir, chaque jour à l'exception du dimanche, pendant neuf mois consécutifs de l'année. Il s'absente seulement trois mois pour aller vérifier les stations météorologiques.

Pendant ces trois derniers mois, M. Robert Scott est remplacé dans les mêmes conditions par M. le capitaine Toynbee.

Lors de la réunion du Conseil général astronomique au Ministère de l'Instruction publique, à Paris, le 24 avril 1876, nous déclarions en conséquence au Conseil, au moment où l'organisation du service agricole était imminente, que ce service, comme celui des ports, serait impossible et sans valeur si le règlement que nous avons rapporté plus haut n'était pas suivi rigoureusement, militairement, comme il l'est dans les autres pays.

Et le Conseil déclara qu'il en devait être désormais ainsi en France.

GÉOGRAPHIE DU SERVICE INTERNATIONAL.

On peut dire que ce service international s'étend actuellement sur toute la surface de l'Europe, de l'Algérie et de la Tunisie, et d'une partie de la Turquie d'Asie. Le nombre des stations étrangères dont les renseignements arrivent quotidiennement deux fois était de 80 au 1ᵉʳ mai 1878.

Dans l'impossibilité de rédiger une description complète des stations, ce qu'une publication officielle pourrait seule faire, nous nous contenterons de donner quelques renseignements sommaires sur celles qui nous paraissent le moins connues.

Bodoe, petite ville de 300 habitants, située à 400 kilomètres au N.-N.-E. de Drontheim, en Norwége.

Haparanda, la station la plus boréale, est une petite bourgade de 400 âmes, fondée en 1807 sur la rive droite de la Tornea, lorsque la Finlande fut cédée à la Russie par la Suède. C'est dans les environs de cette ville que le degré du nord fut mesuré par Maupertuis. Haparanda est située au fond du golfe de Bothnie. Latitude, 66°.

Hernosand est une autre station suédoise, bâtie sur la partie orientale de la petite île d'Hern, dans le golfe de Bothnie. Sa population n'est que de 2000 habitants. La Russie possède sur la côte de Finlande trois observatoires météorologiques très-utiles qui sont :

Uleaborg, à l'entrée du golfe de Bothnie (lalitude, 64°), à l'embouchure de la rivière Ulea ;

Helsingfors, capitale du duché de Finlande, ville forte, bâtie sur des rochers dans le golfe de Finlande, et peuplée de 16 000 habitants;

Tammerfors (latitude, 61°), petite ville de 2000 âmes, située sur une langue de terre entre deux lacs.

La Suède a établi une station d'une grande importance dans la ville de *Witby*, sur l'île d'Oland, dans la Baltique.

Parmi les stations du Sund, nous avons à signaler la ville suédoise d'*Helsingborg,* petit port de 5000 âmes, bâti en face d'Elseneur, juste à l'endroit où la passe est le moins large.

Le Danemark a établi une station au cap *Skagen,* qui est l'extrémité nord du Jutland et dont la latitude est de 57°.

Les Danois ont encore un observatoire dont on parle souvent et qui est placé sur l'île *Fanœ,* laquelle est située sur la côte occidentale du Jutland.

La Norvége a également établi plusieurs observatoires sur ses côtes océaniques.

La plus boréale de toutes ses stations est celle de *Christiansand,* petite ville forte, bâtie sur des rocs comme Helsingfors et placée par 62° de latitude; elle ne possède que 3000 habitants.

Au-dessous vient la station de *Skudesnœss,* phare et cap célèbres, située dans l'île de Carmœn.

Plus au sud, sur le 58e parallèle, se trouve l'observatoire de *Christiansand*, ville célèbre dans l'histoire et d'une grande importance ; elle est peuplée de 12 000 habitants.

Dans le voisinage se trouve un phare situé sur l'île d'*Oxœ*, où l'on a établi la station météorologique de ce nom ; *œ* est un monosyllabe qui veut dire île dans toutes les langues scandinaves et qui revient à chaque instant dans la géographie de ces régions.

Parmi les stations allemandes, la seule que l'on cite souvent est celle de *Cuxhaven*, petit village de pêcheurs, situé à l'embouchure de l'Elbe, et qui appartenait à la ville libre de Hambourg avant son annexion.

Les Hollandais ont établi une station météorologique au Helder, forteresse construite par Napoléon pour commander le *Texel*, c'est-à-dire l'entrée du Zuyderzée.

Les Anglais ont très-habilement choisi leurs stations météorologiques et les ont établies en majeure partie près des pointes nord-est ou sud-ouest des principales îles formant leur archipel.

Wicks, ville de 12 000 habitants et capitale du comté de Caithness, se trouve sur la côte orientale de l'Ecosse, un peu au sud du cap Duncausby.

Thursœ, petit port de mer du même comté de Caithness, est à l'ouest du cap Duncausby. C'est une ville de 5000 habitants.

Une troisième station, celle de *Stornoway,* se trouve dans l'île de Lewis, une des plus septentrionales des Hébrides.

Enfin la station de *Greencastle,* à l'entrée du Lough-Foyle, se trouve sur la côte septentrionale de l'Irlande, sur le 56e parallèle.

Les îles Britanniques sont donc averties des tempêtes qui viennent du nord. Elles le seront encore bien mieux quand un télégraphe reliera avec l'archipel principal les Orcades, les Shetland et même les Feröe.

Vers le sud de l'Irlande, dans notre *Bulletin météorologique du temps,* la station célèbre de *Valentia,* placée dans une petite île à l'extrémité occidentale de l'Europe, est le point de départ des paquebots d'Amérique, du télégraphe transatlantique, et sert de station signalétique pour les orages venant du sud-ouest.

Une station fort utile a été établie à *Land's End,* extrémité occidentale de la Grande-Bretagne, et à l'archipel des îles *Scilly.*

Nous devons encore citer, parmi les stations anglaises les plus utiles, deux qui se trouvent sur la mer du Nord, *Yarmouth,* dans le voisinage de Londres, et *Scarborough* (ou *Scarboro*), dans le voisinage de l'Écosse.

La nomenclature des stations françaises demande aussi quelques explications.

Le *cap Gris-nez* est voisin de Calais, le *cap Saint-Mathieu* est voisin de Brest, le *cap Sicié* est voisin de Toulon, le *Grosnou* est un cap de l'île de Croix, située dans le voisinage de Lorient. L'île d'*Aix*, près de l'embouchure de la Charente, est dans le voisinage de Rochefort.

Le nombre des stations étrangères dont les renseignements étaient transmis deux fois par jour étant, comme nous l'avons dit, de 80 à la date du 1er mai 1878, celui des stations françaises utilisées pour le service des avertissements était, à cette époque, de 80 également. Mais les observations de 20 seulement de ces dernières sont transmises par le service international aux chefs-lieux des offices étrangers.

Cette circonstance a donné lieu à une méprise dans le préambule du décret du 14 mai 1878, où on lit que *le nombre des stations françaises du service des avertissements n'est que de 20.*

Il ne faut pas confondre ces stations avec celles du service agricole, auxquelles on ne demande aucun renseignement, mais qui, comme on le verra ci-après, ne font qu'en recevoir.

LE SERVICE AMÉRICAIN DES SIGNAUX.

Si l'on a le droit de dire que l'idée de faire servir le baromètre à la prévision du temps est éminemment française, on doit reconnaître que c'est aux Américains que l'on doit l'idée féconde de réunir en un seul faisceau les forces de plusieurs nations pour étudier en commun les grands problèmes dont s'occupe la Météorologie.

Dès le 9 février 1852, M. Walsh, consul des États-Unis à Paris, communiquait à Arago une série de documents officiels établissant l'avantage qu'il y aurait à adopter un système uniforme d'observations.

A la suite de cette ouverture, un Congrès météorologique se réunissait, en août 1853, à Bruxelles, sous la présidence de M. Quetelet.

Les mesures qui étaient adoptées préparaient les nations européennes à se servir du télégraphe pour se transmettre les avertissements météorologiques.

Le lieutenant Maury avait de plus proposé une théorie de la circulation atmosphérique qui compte encore bien des partisans, quoiqu'elle ait été vigoureusement battue en brèche par M. l'amiral Bourgeois.

Cette conception possédait le mérite incontestable de relier ensemble une multitude de faits isolés, et elle contribua à rendre son auteur populaire dans les deux hémisphères.

Mais, lorsque la guerre de sécession éclata, le lieutenant Maury, ayant pris parti pour le Sud, fut immédiatement révoqué.

Cet événement ne porta aucun préjudice réel à l'organisation du service des signaux.

Même au milieu des horreurs de la guerre civile, le service météorologique fut vigoureusement reconstitué. Il reçut une organisation définitive et une forme plus régulière quand la paix fut rétablie.

Le Congrès se montra d'une libéralité digne des représentants d'un grand État. La dotation de la Météorologie se composa de plus d'un million de francs.

La publication des renseignements recueillis sur un territoire dont l'étendue atteint presque celle de l'Europe fut continuée avec un luxe dont nous n'avons aucune idée de ce côté de l'Atlantique. Chaque année, on a à enregistrer quelque amélioration dans les méthodes ou quelque perfectionnement dans la représentation des résultats acquis.

On décida que les observations seraient faites non point par des savants étrangers à l'armée, mais par des sous-officiers pris dans les rangs des armes savantes.

Le Verrier raconte à ce propos, dans l'*Atlas météorologique* pour 1877, une anecdote caractéristique.

En 1872, lorsque la Commission internationale du mètre était réunie à Paris, elle eut l'honneur d'être reçue par M. le Président de la République (alors M. Thiers) qui, s'adressant au représentant de l'Amérique, M. Hilgard, lui demanda comment il se faisait qu'en Amérique l'autorité militaire intervînt dans le service des avertissements? Ce service, répondit M. Hilgard, si important pour la sécurité de la marine, exige la ponctualité la plus entière et l'observation religieuse des prescriptions posées par le règlement. L'Amérique a voulu s'assurer la stricte exécution de cette condition, en confiant ce service à l'autorité militaire.

Il est bon de remarquer que, par suite de l'extension prise par le service international européen, les cartes qui sont publiées quotidienne-

4.

ment ne représentent qu'un état fictif de l'atmosphère. On y inscrit des phénomènes qui sont bien loin de se produire au même instant physique. En effet, lorsqu'il est 9^h du matin à Smyrne, il n'est encore que 6^h du matin à Valentia. Au contraire , lorsqu'il est 9^h à Valentia, le Soleil passe au méridien de Smyrne.

Les Américains ont été frappés de la nécessité d'obvier à cet inconvénient. Les observations qu'ils enregistrent sur leurs cartes sont rigoureusement simultanées. Elles représentent l'état physique de l'atmosphère à quatre moments différents de la journée. Cette disposition a été trouvée très-heureuse et très-commode : le vaste territoire des États-Unis ayant été divisé en grands bassins naturels, tels que les côtes du Pacifique, celles de la Nouvelle-Angleterre, le district des Lacs, le bassin du Mississipi, celui du Missouri, et les États du Golfe, aucune difficulté n'a troublé son application.

Le service des signaux est de plus en communication constante avec la *Smithsonian Institution*. Le directeur de cette institution a été pendant plus de vingt ans l'infatigable professeur Henry, mort peu de mois après Le Verrier, à l'âge de 88 ans.

Grâce à l'influence de cet homme célèbre, le gouvernement des États-Unis a même pris l'initiative d'une mesure plus importante et qui est le développement de la précédente.

Le gouvernement fédéral a proposé à toutes les nations civilisées une observation universelle au moment où le jour commence pour le méridien du détroit de Behring.

C'est aux frais des États-Unis d'Amérique que ces observations, destinées à mettre en évidence les troubles atmosphériques d'origine astronomique, seront publiées et discutées.

Ces cartes, de même que celles de l'Observatoire de Paris, renferment un assez grand nombre d'éléments ; mais la variation de la pression barométrique est celle qui sert de base commune et autour de laquelle toutes les autres viennent nécessairement se grouper.

Le Verrier a été un des premiers à faire exécuter les instructions du service américain. Si la France s'est distinguée par son zèle à coopérer à l'observation universelle, c'est à Le Verrier qu'on le doit exclusivement.

Le service national américain n'est pas le seul qui se soit constitué en dehors du service international européen. Nous citerons particulièrement l'union des colonies australiennes et le service météorologique de l'empire indien.

Ce dernier, à peine créé, est en ce moment en présence d'un problème dont la solution est d'une importance vitale pour plus de deux cents millions d'êtres humains.

Les sécheresses qui désolent, de temps en temps, cette vaste péninsule, sont-elles des phénomènes

périodiques dont l'échéance peut être indiquée
à l'avance et attendue, par conséquent, comme
celle d'un billet à ordre, c'est-à-dire après avoir
pris toutes les mesures nécessaires pour être
à même de le payer sans frais?

Le Verrier n'a pas vécu assez longtemps pour
pouvoir songer à utiliser les renseignements reçus
de pays si lointains ; mais nul doute que son génie
inventif n'eût trouvé moyen de se mettre en rapport avec les institutions naissantes et d'établir
avec elles un incessant échange de documents.

Il se préoccupait constamment de cette grande
question physique encore insoluble. La quantité
d'eau qui tombe en un an sur toute la terre est-
elle invariable, de telle sorte que les différentes
années diffèrent seulement par la répartition de
la même masse d'eau pluviale? Les observations
faites dans les régions les plus lointaines étaient
les seules qui pussent lui permettre de résoudre
un problème si important.

Mais toutes les stations sont loin d'être pourvues
d'instruments comparables, d'*observateurs automates*, et toutes n'échangent pas des signaux aussi
nombreux qu'il serait nécessaire au bien du service.

Au point de vue de l'organisation, les stations
anglaises sont les plus remarquables ; elles offrent
un modèle que Le Verrier citait souvent, et qu'il
aurait été heureux d'imiter. Il aurait voulu qu'une
station française organisée d'une façon parfaite pût

fonctionner au Champ-de-Mars même, sous les
yeux des visiteurs de l'Exposition universelle.

Ce vœu si patriotique eût été certainement réalisé sans la mort de l'illustre directeur fondateur
de la division météorologique, mais il importe de
faire remarquer qu'une partie essentielle du programme se trouve remplie par l'organisation, dans
les jardins du Trocadéro, d'un pavillon météorologique. En effet, les avis en prévision du temps, y
étant affichés à côté d'une multitude de documents
de toute provenance, pourront être, pendant toute
la durée de l'Exposition, l'objet de vérifications et
de comparaisons incessantes.

USAGE DES CARTES DU SERVICE INTERNATIONAL.

Parmi toutes les courbes que l'on voit figurées
sur les cartes publiées par les différents offices
météorologiques d'Europe, les premières que l'on
aperçoit sont celles qui relient les différents points
où la pression barométrique est la même, et que
l'on nomme *isobares*.

Elles peuvent être considérées comme équiva-
lentes aux lignes de niveau, dans les cartes topo-
graphiques du Dépôt de la Guerre. Si l'on pouvait
les tracer en nombre suffisant, on verrait qu'elles
sont plus multipliées dans les points où la pression varie le plus rapidement.

C'est généralement dans ces lieux que les vents
sont le plus violents, et leur direction est en géné-

ral assez stable pour qu'on puisse la déterminer, s'ils n'étaient détournés de leur route par les aspérités de la surface du sol ou par les causes locales, dont l'influence est souvent plus considérable qu'on ne le pense.

La position vraie des courbes barométriques n'est jamais donnée qu'avec une approximation grossière, puisque les météorologistes du Bureau international ne peuvent combiner que les indications d'une centaine de stations réparties sur une surface ayant plus de 2000 kilomètres du nord au sud, et plus de 2000 de l'est à l'ouest.

Dans beaucoup de cas, les inflexions les plus intéressantes des courbes de niveau barométrique et les centres de pression ou de dépression sont situés au-dessus de la Manche, au milieu de la Baltique, de la Méditerranée et de la mer du Nord, de sorte que le calcul de l'angle et de la position des lignes de plus grande pente ne peut avoir lieu que d'une façon très-peu sûre.

Malgré la difficulté déjà grande de tirer parti de renseignements aussi vagues, certains physiciens, notamment en Angleterre, ont cru devoir introduire un autre élément encore plus difficile à déterminer.

Ces innovateurs ont raisonné comme si l'on pouvait assimiler le mouvement de l'air le long des lignes *isobares* à celui de l'eau le long des lignes de plus grande pente, lesquelles sont, comme on le sait, à angle droit avec les premières.

Afin de déterminer, avec la seule approximation dont ce genre de recherches soit susceptible, la direction des trajectoires le long desquelles se meuvent les masses d'air, ils prétendent qu'il faut joindre par une ligne le point où la pression a la valeur la plus grande, et le point où elle a la valeur la plus faible. Le nombre de millimètres de mercure dont le maximum dépasse le minimum donnera l'amplitude de la variation. En la divisant par le nombre de centaines de kilomètres qui séparent les deux centres, on aura un nombre proportionnel, que les Anglais nomment le *gradient*.

Sur les cartes anglaises les hauteurs barométriques sont exprimées en pouces et les distances en milles. Il faudra, pour avoir le gradient, diviser la différence, exprimée en centaines de pouces, par le nombre de centaines de milles qui séparent les deux centres.

Mais il est rare qu'il suffise de comparer ainsi la pression existant simultanément dans deux régions éloignées. Réduite à cette détermination unique, le *gradient* ne saurait que rarement être en usage d'une façon véritablement utile, pour évaluer l'ensemble d'une situation météorologique.

On nomme aussi *gradient* la pente barométrique dans une direction quelconque, et l'on peut en faire usage pour rédiger des prévisions locales.

Il suffit, dans ce cas, de prendre la différence en pouces de la pression existant entre deux stations et de diviser par le nombre de centaines de mille ;

par exemple, le 26 juillet 1877, à 8^h du matin, l'isobare 29^{po}, 8 passant au-dessus de Greencastle, et l'isobare 30^{po} passant au-dessus de Valentia, le gradient entre ces deux points était de $\dfrac{0,2}{2} = 0,1$, ces deux villes étant séparées par une distance de 200 milles ; à 6^h du soir, le *gradient* entre ces deux villes était le même, car le baromètre s'était élevé de 0^{po}, 1 sur chacune d'elles.

Le 27 juillet, à 7^h du matin, ce gradient était nul, parce que le baromètre avait baissé de 0,1 à Valentia et s'était élevé de 0,1 à Greencastle, de sorte qu'il était de 30^{po} sur toute l'Irlande.

Les phénomènes atmosphériques se passèrent le premier jour comme si l'air du Nord s'écoulait le long de lignes de plus grande pente jusqu'à ce qu'il atteignît l'Océan.

Le 28 juillet, le vent variait du sud-ouest au nord-est au-dessus de l'Irlande, et y prenait une certaine intensité.

Le lendemain, le temps, qui avait été très-variable en Irlande et pluvieux en Écosse, se remettait au beau. L'augmentation de la pression se faisait sentir au-dessus de la France méridionale. Les pluies, qui s'étaient déclarées autour du centre de hautes pressions, avaient cessé du côté de Biarritz, aussi bien que dans le nord de l'Écosse.

Prenons un autre exemple pour montrer comment un gradient spécial ne peut servir à guider les prévisions spéciales à un point déterminé si l'on néglige de tenir compte de l'ensemble de la situation.

Le 18 mai 1877, la différence de pression barométrique de Paris au centre de la mer du Nord, où la pression était descendue à 755^{mm}, était de 5^{mm}. Elle était de 5^{mm} encore entre Paris et Clermont-Ferrand, où elle s'élevait à 765^{mm}. La distance de ces points étant d'environ 500^{km}, la valeur numérique du *gradient* dans la direction nord-sud était l'unité. Dans la direction est-ouest la courbe isobare 7,60 ayant une direction à peu près parallèle à l'équateur, et passant par Paris, le gradient avait une valeur à peu près nulle.

A Paris, le vent venait du sud-sud-ouest et possédait une assez grande intensité. Le maximum de pression paraissait planer sur l'Atlantique et le minimum sur la Baltique ; en conséquence, les vents de haute région soufflaient de l'ouest, c'est-à-dire dans une direction opposée à celle d'où venaient ceux qui balayaient la surface de la capitale.

Aussi le ciel était couvert de gros nuages et la situation atmosphérique était considérée comme mauvaise.

Le lendemain, les pronostics défavorables que l'Observatoire avait publiés se trouvaient confirmés par une pluie qui durait plusieurs jours.

Sans admettre que la considération de cet élément permette de mesurer l'intensité probable des vents, on peut en tirer certaines inductions générales.

5

Lorsque la répartition des pressions offre une certaine régularité, on peut considérer la force et la direction du gradient comme donnant une certaine mesure de la force et de la direction du vent qui règne au moment où sont faites les observations.

Si la position des centres de haute et de basse pression semble devoir rester invariable, le gradient donnera donc une idée le plus souvent exacte de la force et de la direction que suivront les vents pendant quelque temps.

Malheureusement, combien sont restreintes les circonstances dans lesquelles les principes généraux que nous venons de poser sont susceptibles d'être appliqués !

Bien des fois on constate à la surface de l'Europe la présence d'un grand nombre de centres de dépression et de haute pression qui se meuvent d'une façon aussi rapide qu'imprévue.

Si l'on admet encore que l'air soit sollicité à s'écouler du côté des dépressions, il est sollicité par trop de forces différentes pour qu'il puisse prendre un mouvement régulier. La considération du gradient n'offre plus alors aucun intérêt sérieux.

La valeur et la direction du gradient ne peuvent être considérées que comme donnant la force et la direction du vent général le plus probable à l'instant qui va suivre l'arrivée des renseignements.

Mais il arrive assez rarement qu'on puisse avoir recours à cette règle pour déterminer le temps qu'il fera dans quelques heures et surtout le lendemain.

Quand les centres de haute et de basse pression sont éloignés l'un de l'autre, leur influence mutuelle se fait à peine sentir. Quand ils sont voisins, elle se trouve compliquée par des phénomènes accessoires provenant de la rapidité avec laquelle l'air se précipite dans les dépressions qu'il tend généralement à combler.

La considération des gradients ne pourrait avoir une utilité véritable dans la prévision du temps que si l'on avait fait assez de progrès pour réduire en nombres l'action des différentes forces qui mettent l'air en mouvement. Aussi après avoir fait longtemps usage de cette quantité, le Bureau météorologique d'Angleterre ne s'en sert plus que rarement.

On ne la fait plus figurer dans les prévisions d'Outre-Manche depuis les derniers changements auxquels nous avons fait allusion.

Il est certain que le système de Le Verrier est beaucoup plus simple et beaucoup plus pratique, car l'idée d'assimiler les troubles atmosphériques aux cyclones de l'océan Indien permet de représenter aisément l'ensemble d'une situation atmosphérique.

Cette manière artistique, qui parle aux yeux, est éminemment propre au génie français. Elle devait plaire à un savant qui, dans toute sa carrière, a compris que la Physique et l'Astronomie doivent adopter des symboles concrets, faciles à comprendre et à représenter.

Mais il ne faut point hésiter à reconnaître que, dans un grand nombre de cas, les résultats qu'on en tire ne sont point tout à fait suffisants. Il est facile de voir que la théorie des bourrasques, en la supposant exacte, ne peut donner que des idées fort vagues sur la série des directions et des forces successives que prendra successivement le vent en chaque station du service météorologique, c'est-à-dire sur la solution complète du problème que la Météorologie moderne a le courage de se proposer.

Si l'on admet que les troubles atmosphériques soient produits par des météores, ayant, comme les astres qui parcourent l'espace céleste, une existence individuelle et assujettis comme ces derniers à se mouvoir le long d'orbes déterminées à l'avance, cette conception est bien éloignée de remplir complétement le programme du service international. On ne saurait, en effet, prédire l'heure où les différentes stations sentiront l'effet de leur passage sans connaître à l'avance la forme de leur trajectoire, ainsi que la vitesse avec laquelle ils doivent la parcourir.

Mais ces deux éléments, qui ne pourraient être déterminés simplement, ne sauraient suffire pour prévoir la nature des effets que les bourrasques sont appelées à produire le long de la courbe qu'elles décriront. Il faudrait calculer le diamètre qu'elles posséderont à chaque instant de leur route, ainsi que la vitesse avec laquelle leur gyration s'accomplira autour de leur centre mobile de rotation. En effet, l'expérience nous montre qu'il est rare qu'une bourrasque conserve son diamètre et sa vitesse de rotation, même pendant le temps limité qu'elle met à traverser le district météorologique restreint auquel se bornent encore aujourd'hui la plupart de nos observations.

Que d'incertitudes viennent embarrasser le physicien lorsqu'il doit rédiger ses prévisions !

Non-seulement il voit avec surprise les bourrasques s'arrêter brusquement et séjourner pendant un temps quelquefois assez long au-dessus de la mer du Nord, de la Hollande ou de la Baltique, mais il s'aperçoit, à sa grande surprise, que des météores du même genre se produisent spontanément sur la Belgique, sur le nord de l'Écosse ou au-dessus de l'Angleterre sans qu'aucun phénomène lui ait permis de deviner ce qui se préparait.

D'autres fois, il voit descendre des profondeurs insondées du Nord des météores qui marchent en sens inverse des précédents, et qui semblent animés d'un mouvement de gyration opposé ; car l'air semble se déplacer dans le même sens que les aiguilles d'une montre, c'est-à-dire de droite à gauche.

Ces bourrasques d'un autre genre sont analogues aux cyclones de l'océan Austral dont la rotation paraît être inverse de celle de l'océan Indien.

Ces troubles anormaux sont assez fréquents pour

5.

que le nom d'*anticyclone* leur ait été réservé par les météorologistes anglais.

Pour sortir sérieusement d'un embarras réel, même lorsque l'on se borne à publier des indications sommaires, il n'est donc suffisant, ni de s'aider de la considération du mouvement du centre de haute pression, ni de se rendre compte du mouvement général que prendrait l'air si l'on pouvait supposer qu'il coule le long des pentes atmosphériques comme l'eau des pluies se précipite le long du thalweg de nos vallées.

Nous indiquerons dans les Chapitres suivants de cet Ouvrage les considérations qui permettent de compléter ce que la théorie des cyclones a d'incertitudes et d'imperfections, même lorsqu'on se contente de prévisions assez vagues, rédigées à courte échéance, et que l'on borne son ambition à une vérification approximative.

Jusqu'au 1er mai 1878, le service météorologique s'est borné, par raison d'économie, à indiquer par des nombres inscrits sur la carte des pressions les températures observées à la même heure.

Les ressources ayant augmenté, M. Fron, directeur, a introduit dans le *Bulletin* une amélioration notable : il a placé en regard de la carte des pressions une carte des températures, qui est disposée de manière à lui servir de pendant. Le tracé des lignes isothermes remplit le rôle que celui des lignes isobares remplit dans la première.

La période pluvieuse survenue à la fin de mai

1878 a fourni déjà la preuve matérielle de l'importance de cette représentation graphique. En effet, le déplacement des lignes isothermes, sensible dès le 20, et le mouvement rétrograde du maximum de température vers l'équateur ont montré que la baisse barométrique provenait de l'apparition d'une dépression sérieuse. Les prévisions rédigées à cette époque ont atteint un degré remarquable de précision et de rigueur.

Depuis la mort de l'amiral Fitz-Roy jusqu'à la révolution scientifique de juillet 1877, les avis quotidiens du Bureau météorologique d'Angleterre étaient singulièrement sobres de prévisions : ils ne se bornaient qu'à la simple constatation des faits.

Mais le service météorologique de l'Observatoire de Paris n'a jamais, même dans les circonstances les plus difficiles, cessé de publier des avis en prévision du temps.

Dans les premières années, ils ne l'étaient qu'après une délibération en règle, à laquelle prenaient part tous les fonctionnaires du service.

Aujourd'hui ils sont rédigés par le fonctionnaire de service et soumis à la révision du directeur, avant d'être transmis télégraphiquement à quatre districts maritimes.

Les côtes de la Manche, les côtes de Bretagne, les côtes de l'Océan, les côtes de la Méditerranée reçoivent chaque matin un avis spécial. A ces quatre avis se joignent, depuis le milieu de 1876, les prévisions du service agricole, sur lesquelles nous reviendrons plus loin.

On adresse, en outre, à chaque section les renseignements particuliers que l'on croit de nature à offrir pour elle un intérêt spécial.

Ainsi, le 22 mars 1877, M. Le Verrier télégraphiait à Madrid et à Lisbonne l'arrivée d'une bourrasque venant de l'Irlande, laquelle, venant par le nord, devait, suivant l'avis de l'Observatoire, amener le beau temps sur l'Espagne.

En cas de danger immédiat, des avertissements sont adressés aux ports.

Esprit éminemment pratique, Le Verrier a compris que, si la régularité peut être imposée aux employés pour régler le roulement des heures de présence, elle ne saurait l'être aux phénomènes naturels. Le météorologiste doit être aux ordres de la tempête, et prévenir ses correspondants aussitôt qu'un grain se dessine à l'horizon.

Il serait à désirer qu'une enquête officielle fît connaître le nombre des prévisions justifiées, afin que les progrès accomplis fussent déterminés et que l'efficacité des méthodes de tâtonnement pût être mise en évidence.

Telle erreur commise peut contenir le germe de découvertes précieuses, si l'on arrive à déterminer comment et pourquoi elle a été faite. Rien n'est plus préjudiciable aux progrès d'un art aussi utile que de laisser accumuler les prédictions sans les accompagner de vérifications qui, pour être efficaces, devraient être faites dès le lendemain.

C'est ce que l'Association française pour le progrès des Sciences paraît avoir bien compris dans sa session du Havre, lorsqu'elle a demandé l'établissement d'une Commission d'enquête sur les moyens d'augmenter l'efficacité des méthodes de prévision du temps.

Certes, jamais personne n'a repoussé avec plus de hauteur et de mépris que Le Verrier le dénigrement systématique; mais notre illustre astronome eût été le premier à provoquer une critique sévère et loyale dont les Sciences eussent tiré parti, car il ne mettait pas son orgueil à ne point se tromper dans une science dont les méthodes sont à constituer.

Aucune mesure ne serait plus propre à hâter le développement d'une science difficile que la France se fait gloire d'avoir donnée au monde, et dans laquelle nous devons mettre notre orgueil à ne point nous laisser devancer.

L'Angleterre et l'Amérique font des enquêtes systématiques et fréquentes destinées à contrôler les prévisions. Nous devons suivre l'exemple qu'elles nous donnent.

Les grandes villes, comme Lyon Marseille et surtout Paris, pourraient en outre servir à des vérifications spéciales beaucoup plus précises et beaucoup plus utiles que dans les autres localités. Les observations recueillies dans ces districts météorologiques restreints auraient un prix spécial si on les employait à vérifier ou compléter les indications du service international et à les améliorer progressivement.

C'est ce que l'honorable M. Harant, ancien président du Conseil municipal de la ville de Paris, avait bien compris, lorsqu'il demandait la création d'observatoires spéciaux placés dans les différents quartiers de Paris.

Mais ces grandes et utiles réformes ne seront réellement fructueuses que lorsque le service international, qui a fait ses preuves, et qui, malgré ses lacunes, est une des gloires de la France, cessera d'être attaqué. Il est indispensable qu'aucune administration rivale ne vienne lui refuser son concours et surtout mettre son existence en question.

L'organisation actuelle est imparfaite, les principes de la prévision du temps sont insuffisants, bien souvent les annonces manquent de clarté, parfois elles sont fausses. Mais, si l'on considère l'incertitude qui plane encore sur les causes des grands mouvements atmosphériques, on doit être étonné que l'on arrive à des résultats qui ne soient pas pires, et l'on ne saurait trop féliciter le Gouvernement, qui vient de rendre au service des avertissements les compléments qui lui étaient indispensables, et l'illustre astronome qui en a conçu la première pensée.

Ce serait également manquer de respect à sa mémoire que de détruire ce qu'il a créé ou de cacher

les lacunes qui peuvent montrer le moyen de per-
fectionner ce qu'il n'a pu qu'ébaucher.

DÉVELOPPEMENT DE LA THÉORIE DES CYCLONES.

La réalité de l'existence des cyclones est admise
par tous les météorologistes, quoiqu'ils ne tombent
pas d'accord sur le mécanisme de leur mouvement.

La plupart des météorologistes admettent que
leur axe est vertical et qu'il se déplace toujours
parallèlement à lui-même.

Ils supposent même que ces météores sont susceptibles de résister mécaniquement à l'action des
obstacles que les flancs des montagnes ou les pla-
teaux offrent à leur propagation. Quand ils fran-
chissent ces remparts, c'est en se segmentant. Ils
se coupent alors en tourbillons qui suivent un orbe
presque analogue à celui que le cyclone eût lui-
même suivi s'il n'avait été brisé.

Quelques marins, mieux à même que les astronomes sédentaires d'étudier les tempêtes tropicales, pensent que cette régularité dans le mouvement tourbillonnant n'est qu'une hypothèse
gratuite.

Ils admettent que le tourbillon se compose d'une
immense spirale, et que le mouvement de l'air va
en augmentant de vitesse à mesure que les molécules d'air s'approchent du centre de la rotation.

Mais, si l'on est loin de s'entendre sur la nature
géométrique du mouvement qui constitue les

cyclones, on diffère d'opinion d'une façon beaucoup plus grave sur les effets dynamiques que produit leur passage.

La plus grande partie des météorologistes français, adoptant l'idée émise par M. Faye, supposent
que le cyclone est produit par l'action des régions
supérieures de l'atmosphère et qu'il détermine une
dépression.

Ils assimilent les tourbillons atmosphériques à
ceux qui, quand la Seine est grossie, se forment
en aval des piles de nos ponts.

Mais M. Hildebrandsson, l'infatigable directeur
du service international de Norwége, a eu l'heureuse inspiration d'étudier le mouvement des cirrhus, qui peuvent indiquer la route que suit l'air
des hautes régions.

Après avoir fait d'innombrables observations, ce
savant est arrivé à des conclusions différentes.

D'après lui, les phénomènes observés indiquent
que l'air des régions supérieures est animé d'un
mouvement ascendant autour du centre de la bourrasque où se produit forcément une aspiration.

En effet, les cirrhus semblent fuir loin des centres
de dépression, comme s'ils en étaient repoussés ou
chassés par un vigoureux courant d'aspiration. De
plus, ils semblent se précipiter vers les centres de
haute pression, comme s'ils y étaient attirés ou
poussés par un tourbillon descendant.

Il y aurait donc dans l'air non point un mouvement simple, mais un mouvement double, de sorte

que l'air aspiré d'un côté serait déversé dans des régions souvent très-éloignées, car la distance des centres de haute et de basse pression est aussi variable que leur situation relative. L'un est tantôt au nord, tantôt au sud de l'autre, quelquefois à l'est ou à l'ouest. Leur distance se compte indifféremment par centaines de kilomètres ou par dixaines de degrés. Quelquefois l'un ou l'autre sortent des étroites limites du district où se font nos observations.

Des ascensions aérostatiques, exécutées avec un esprit d'ordre et de combinaison impossible à atteindre dans l'état actuel des choses, permettraient sans doute de constater la justesse de cette théorie, car il paraît difficile de supposer que l'air descende dans une région quelconque sans qu'un mouvement ascendant se produise ailleurs.

Les observations faites à bord du grand ballon captif à vapeur, que M. Henri Giffard construit en ce moment sur une échelle gigantesque, pourront déjà donner de précieux renseignements.

Quelques-uns de ces tourbillons possèdent incontestablement un diamètre qui se compte par degrés géographiques.

Alors le phénomène échappe à toute vérification directe; ce n'est que par la comparaison toujours délicate de mesures simultanées, prises dans des lieux très-éloignés, que l'on arrive à le constater d'une façon indirecte.

Au contraire, d'autres fois, les tourbillons pos-

6

sèdent des dimensions assez faibles pour que l'on puisse juger de leur ensemble.

Dans ce cas on peut, en effet, les suivre, à cause du grand nombre de poussières et de corps légers qu'ils aspirent.

Ces vrais cyclones microscopiques sont produits par l'action mécanique de nos monuments de Paris ; on les voit, par exemple, se former dans la cour du Louvre par l'action de condensations que l'air subit, par suite de la pression du vent, quand il souffle dans la direction opposée à l'angle où a lieu l'observation.

Il semble que l'on ait sous les yeux la réalisation d'une conception par laquelle Descartes représentait les mouvements des planètes et de leurs satellites, et qui est encore célèbre sous le nom de *Théorie des tourbillons.*

Pendant près d'un siècle, l'Académie des Sciences l'a considérée comme le fondement de toute la Mécanique céleste.

C'est après une lutte très-longue et très-opiniâtre que cette hypothèse si célèbre a été remplacée par celle de l'attraction.

L'emploi nouveau qu'en font en ce moment les météorologistes n'est pas sans intérêt pour la gloire du grand physicien qui l'a imaginé ; car, après les mouvements des astres, il n'y a pas dans la nature de phénomènes plus grands que ceux de la marche des tempêtes et des grands ouragans, dont

son génie aurait indirectement fourni le moyen
d'expliquer la propagation.

Il n'est pas inopportun d'ajouter que ces météores semblent constitués par des influences électriques sans lesquelles on ne saurait comprendre
leur formation.

Mille faits semblent indiquer qu'ils sont accompagnés de grandes masses de fluides libres donnant
naissance à une multitude de manifestations.

Tantôt ils lancent des coups de foudre analogues à ceux que nous avons décrits dans nos
Éclairs et tonnerres. Tantôt, au contraire, ils
produisent des changements de pression soudains,
des évaporations ou des précipitations d'eau;
se produisant tantôt d'une manière bruyante,
éclatante et dangereuse, tantôt au contraire par
une voie mystérieuse et détournée. Ce seraient
les affinités cachées de l'électricité qui donne-
raient aux molécules d'air une sorte de cohé-
sion et qui leur permettraient d'obéir à des lois
d'autant plus stables et régulières que les lois ordinaires de la nature semblent plus profondément
bouleversée.

Ces explications paraissent d'autant moins extra-
ordinaires, que l'intervention directe de l'électricité semble indispensable pour expliquer non-seulement les mouvements désordonnés de l'air, mais
encore son repos, malgré le mouvement de rotation
de la Terre. Autrement on ne comprendrait même
pas, il faut bien le reconnaître, que la vitesse

de rotation de l'écorce terrestre se transmît de proche en proche jusqu'aux profondeurs les plus lointaines du milieu aérien.

L'état électrique de l'air, dont la Météorologie ne s'occupe point encore en ce moment, faute de méthodes pour le déterminer, fournira peut-être à nos successeurs du xxe siècle des présages plus simples et plus efficaces que ceux dont nous sommes obligés de nous contenter.

On sait que la Météorologie a été fondée par des astronomes, que les astronomes ne peuvent étudier les mouvements des corps célestes sans s'en préoccuper, qu'un illustre astronome a fondé la Science de la prévision des mouvements célestes sur la base qu'elle possède actuellement. Un autre astronome français, M. Faye, a fait une étude approfondie des tourbillons qui se produisent dans la photosphère du Soleil, et il a reconnu, par l'examen des taches du Soleil, que leur marche offre une analogie incontestable avec celle des cyclones terrestres qui parcourent les régions situées entre la zone tropicale et les cercles polaires. Aussi l'Astronomie cherche-t-elle à remplir les lacunes que la Physique ne saurait encore combler.

Il semble que la matière lumineuse qui constitue l'atmosphère du foyer de notre système soit agitée par des tourbillons dont ceux qui bouleversent nos mers et notre air ne sont que la reproduction atténuée, ramenée aux infimes proportions de notre monde. En effet, de même que les cyclones de la

Terre, les taches du Soleil se déplacent à la surface de l'astre. Elles ne répondent pas, comme on l'a cru longtemps sans preuves, à quelques points privilégiés, comme le serait le cratère de certains volcans. Elles ont un mouvement propre, excessivement rapide, si l'on tient compte des énormes dimensions du corps céleste sur lequel elles sont observées.

Elles possèdent même un mouvement de rotation que l'on a pu constater dans quelques cas particuliers, malgré les déformations constantes dont, de même que les cyclones de la Terre, elles sont incessamment l'objet.

Elles sont, comme nos cyclones, soumises à de perpétuels changements de formes, qui les rendraient méconnaissables si on ne les suivait constamment. Elles sont entourées d'un renforcement de la matière lumineuse, analogue à la condensation que doit éprouver notre atmosphère en avant des bourrasques.

Les taches du Soleil suivent, comme nos cyclones, des trajectoires qui nous paraissent grossièrement parallèles, mais qui cependant éprouvent chaque jour des déviations notables.

Pas plus qu'aux cyclones de la Terre, on ne pourrait à l'avance leur assigner la route qu'elles sont destinées à parcourir.

Mais elles ne pénètrent point dans les régions polaires, et elles ne partent pas non plus des régions équatoriales. Il semble donc qu'elles soient maintenues à distance de l'équateur par deux zones

6.

dans lesquelles elles ne peuvent se lancer. Elles ne se montrent pas non plus dans la zone équatoriale où elles paraissent prendre naissance.

Quoique les cyclones de la Terre ne paraissent pas confinés aussi rigoureusement au delà des zones équatoriales et polaires, l'aspect général de ces météores offre, autant que nous en pouvons juger, les plus étranges analogies.

S'il existait à la surface de la Lune des êtres en état d'apercevoir les phénomènes notables qui se produisent dans notre atmosphère, ils seraient sans doute frappés par l'apparition de troubles et de défauts de transparence offrant un caractère tout particulier. Si la théorie des bourrasques est exacte dans ses caractères essentiels, les Sélénites verraient dans l'atmosphère de la Terre des taches énormes qui se déplacent de l'ouest à l'est chaque fois que les océans et les continents sont traversés par des tourbillons.

LES PRÉDICTIONS DU *HERALD*.

Pendant quelque temps, le Gouvernement français et le Gouvernement anglais recevaient quotidiennement un télégramme météorologique de Terre-Neuve; mais, la plupart des bourrasques signalées à Terre-Neuve ayant paru se perdre dans l'extrême nord sans atteindre l'Europe, le Gouvernement anglais a considéré cet envoi comme superflu. L'administration française n'a pas cru qu'elle dût supporter à elle seule tous les frais de ce service, et la pratique fut discontinuée avant qu'on ait pu en faire usage d'une façon réellement satisfaisante.

C'est de la même manière que l'on a renoncé au télégramme des Açores ; mais une circonstance inattendue a porté l'attention sur les avantages des renseignements venant de l'autre côté de l'Atlantique.

Depuis le mois de février 1877, le *New-York Herald*, l'entreprenant journal des États-Unis qui a envoyé M. H. Stanley à la recherche de Livingstone, a eu l'idée de prévenir son correspondant de Londres et son correspondant de Paris chaque fois qu'une tempête éclate de l'autre côté de l'Atlantique, dans des conditions permettant de supposer qu'elle est destinée à franchir l'Atlantique, et que la trajectoire du *Gulf-Stream* peut lui servir plus ou moins de guide.

Dans les premiers mois, les télégrammes du *Herald* ont été singulièrement favorisés : plusieurs avis ont été vérifiés d'une façon très-remarquablement précise.

Les avis envoyés dans les environs des équinoxes ayant été le plus souvent suivis d'une réalisation immédiate, j'ai signalé le fait à Le Verrier, qui a désiré entretenir le correspondant parisien du *Herald*. J'ai conduit M. Ryan à l'Observatoire, et il fut décidé que M. Moureau serait chargé de faire un travail sur la corrélation de ces tempêtes avec celles que nous éprouvons en Europe. Le Verrier offrit alors aux météorologistes américains de publier, dans le volume en cours de publication, les *Mouvements généraux de l'atmosphère*, tous les documents qu'on lui enverrait pour développer les bases du système de prévision adopté à New-York.

L'exécution de ces recherches a pris nécessairement un temps assez long, car il a fallu combiner les observations terrestres et les observations maritimes ([1]).

La mort de Le Verrier les a fatalement interrompues. Le travail du météorologiste américain n'a pu paraître en France, et il a été inséré dans la *Nature* de Londres.

L'appréciation scientifique des résultats obtenus pendant la campagne de 1877 a été publiée par M. Robert Scott, secrétaire du service météorologique aux lacs, dans le *Nautical Magazine*.

On voit, d'après ce travail, que sur 40 prévisions 7 seulement ont été vérifiées d'une façon complète et que 17 ne l'ont été en aucune façon. Les 16 autres ne l'ont été que d'une façon partielle.

Depuis lors les annonces ont été bien moins heureuses ; non-seulement les bourrasques ne se sont point déchaînées, mais à leur place on a vu se produire des vents venant du nord, c'est-à-dire soufflant en sens précisément inverse de celui qu'indiquaient les télégrammes américains.

([1]) *Voir* l'article que nous avons publié à ce sujet dans la *Revue scientifique* du mois d'avril 1877.

Toutefois, cette singulière coïncidence ne diminuerait que peu le prix des avertissements, si l'on pouvait sûrement discerner, parmi tous les troubles atmosphériques qui éclatent en Amérique, ceux dont nous devons ressentir le contre-coup, soit par la production d'un temps analogue, soit par celle d'un temps opposé. Qui sait si de nouveaux progrès ne permettraient pas d'établir à ce propos une distinction pratique entre ces deux catégories d'ouragans?

La Science doit attacher une importance particulière aux renseignements venant d'Amérique; car, les courants généraux venant de l'ouest à cause de la rotation de la Terre, les Américains devront, en général, éprouver avant nous les grands changements atmosphériques.

Cependant, dans l'hiver de 1877, nous avons senti d'une façon presque continue l'influence des vents soufflant de la direction sud, et venant par conséquent d'une direction tout opposée.

Au mois de février 1878, des circonstances analogues se sont reproduites, comme pour nous montrer que l'on doit considérer chaque station où l'on veut prendre le temps comme une place assiégée qui doit être gardée par des sentinelles dans toutes les directions, si elle veut être tout à fait à l'abri d'un assaut imprévu.

L'influence du vent du désert nous a garantis d'une façon tout à fait remarquable contre les effets de refroidissement; et, s'il y avait eu de l'autre côté de la Méditerranée un journal rival du *Herald*, le télégraphe électrique aurait pu nous permettre de prévoir d'une façon sûre la température que nous aurions dans deux, trois ou quatre jours, car le vent du Sahara met à peu près ce temps à franchir la Méditerranée et la partie de la France située au sud de Paris.

A la fin de l'été 1877, nous avons eu à plusieurs reprises la contre-partie de ce qui s'est passé en hiver. Des vents du nord ont soufflé avec violence pendant un grand nombre de jours.

Nul doute que des avertissements spéciaux n'eussent pu nous être donnés par les stations du Groënland ou de l'Islande, si ces contrées lointaines avaient été reliées à la France par un réseau télégraphique.

C'est probablement ce qui arrivera dans un petit nombre d'années, si le plan de colonisation du capitaine Howgate est réalisé, ainsi que celui des explorateurs autrichiens.

Les choses se sont passées à peu près comme Le Verrier l'avait prévu, car, tout en encourageant ces recherches, il doutait de l'efficacité des avertissements expédiés à si grande distance. Il eût préféré que M. Bennett manifestât son zèle pour le progrès de la Météorologie en prévenant les physiciens du service international de l'état du temps de l'autre côté de l'Atlantique. Il serait plus sage en effet de se borner à donner ces renseignements.

LE SERVICE AGRICOLE.

C'est à la suite du décret du 13 février 1873 que le service agricole fut institué, comme nous l'avons déjà dit. M. Thiers, dont Le Verrier avait été pendant de longues années le professeur d'Astronomie, prit une part personnelle très-importante à la création de ce service ; mais il n'était plus Président de la République lorsque cette institution put être considérée comme complétement fondée.

En effet, les premiers avis relatifs au service agricole furent expédiés à la date du 12 août 1876. Conformément aux décisions du Conseil de l'Observatoire, le directeur faisait appel aux Commissions départementales ; mais, ces dernières jugèrent convenable, sans doute par prudence, de s'abstenir.

L'institution aurait donc couru risque de péricliter si Le Verrier ne s'était adressé directement au préfet de chaque département et n'avait employé, pour faire la propagande du service agricole, les moyens les plus énergiques.

Mais l'illustre astronome ne se fit aucune illusion sur la gravité des difficultés en face desquelles il se trouva, précisément à la suite de ce succès inespéré.

Les avertissements agricoles, dit-il, sont essentiellement différents de ceux que réclame la navigation.

Les marins se préoccupent presque exclusivement de la force, de la direction du vent et des dangers qui en résultent.

Les agriculteurs ont à tenir compte de la pluie, des orages ; et, au contraire, l'intensité du vent, sauf quelques circonstances exceptionnelles, leur importe peu.

Prévenir de la pluie, dont les circonstances dépendent de conditions absolument différentes sur les divers points de la France, est une question des plus délicates, qui demande une sérieuse attention et la plus grande prudence.

Lorsque, il y a dix-huit ans, l'Observatoire fonda le service des avertissements à la Marine, on ignorait dans quelles conditions il pourrait se faire avec succès. Aujourd'hui, fort de l'expérience acquise, l'Observatoire fait un service des plus utiles et pas une tempête sérieuse ne se présente qui ne puisse être annoncée aux ports qu'elle menace, dans la Manche, sur l'Océan, dans la Méditerranée.

Les avertissements à l'Agriculture se présentent à nous aujourd'hui dans les conditions d'indécision où s'offrait en 1858 le service maritime.

Cette difficulté n'est pas une raison de ne point exécuter sous ce rapport le décret de 1873 : il faut seulement y porter l'attention la plus sérieuse. Des erreurs seront commises à l'origine, il faut s'y attendre, nombreuses peut-être la première année, puisque nous n'avons encore aucune base précise sur laquelle nous puissions nous appuyer ; elles diminueront à mesure qu'on avancera, et sans doute, l'expérience aidant, on arrivera à être sérieusement utile à l'Agriculture, comme on l'est aujourd'hui à la Marine.

La commune qui veut recevoir les avis en prévision du temps est obligée de se pourvoir d'un baromètre anéroïde, dit *baromètre agricole,* dont la construction est des plus simples.

Il se compose d'une boîte dans laquelle on a fait le vide et qui s'écrase ou se dilate suivant que la pression augmente ou diminue.

Ces mouvements sont amplifiés par un mécanisme très-sûr et réglant le mouvement d'une aiguille mobile sur un cadran divisé en millimètres.

Les divisions marquées sur le cadran s'étendent de 720 à 780 ; elles comprennent toutes les plus grandes variations connues au niveau de la mer, auquel toutes les indications sont artificiellement rapportées.

Le réglage est fait d'une façon approchée quand le baromètre est expédié ; mais une vis de rappel permet de rectifier ce réglage suivant les avis qui sont de temps en temps expédiés par l'Observatoire.

Pour se procurer le baromètre agricole, le maire doit adresser un mandat-poste de 20^{fr} au secrétaire-agent comptable de l'*Association scientifique de France*, dont les bureaux sont actuellement à la Sorbonne.

Les réclamations faites dans d'autres conditions à l'Observatoire constituent un dossier énorme auquel Le Verrier n'a pas une seule fois répondu.

Les particuliers peuvent jouir de même du bénéfice de l'intervention de l'Association scientifique de France pour se procurer un baromètre à prix réduit.

La somme de 20^{fr} est remise au constructeur.

Le baromètre, après vérification faite à l'Observatoire, est, sans frais supplémentaires, expédié par le constructeur au maire de la commune ou à l'acquéreur dans le plus bref délai. Moyennant 15^{fr} en plus, on peut se procurer une boîte en chêne fermant à clef, pour l'installation du baromètre et l'affichage de la dépêche.

FONVIELLE, *Prévision du temps.*   7

Il arrive quelquefois que les lettres de commande sont adressées au directeur de l'Observatoire à Paris. Celui-ci verse aussitôt le mandat au Secrétariat de l'Association scientifique, et l'affaire suit le même cours.

Si le baromètre est donné par un habitant du pays, et que l'on fasse connaître son nom, le constructeur grave sur le cadran : *donné par M...*, ainsi qu'il a été fait dans les départements organisés, où des baromètres ont été donnés par les députés, les conseillers généraux, les conseillers municipaux ou des personnes s'intéressant à l'Agriculture.

Il est expressément recommandé d'inscrire très-lisiblement dans la lettre de commande :

Le nom de la commune, les noms du canton et du département et le nom de la localité où se trouve le bureau télégraphique le plus voisin.

Les dépêches étant expédiées gratuitement par les soins de l'Administration des lignes télégraphiques, la commune devra les envoyer prendre au Bureau désigné, où elles arriveront généralement vers $1^h 30^m$.

Les Compagnies de chemins de fer ont prévenu qu'elles ne consentent à la transmission des dépêches agricoles par les bureaux des gares qu'autant qu'il n'en résultera aucune gêne dans l'exploitation et la sécurité de la voie ; elles n'acceptent la responsabilité d'aucun retard survenu dans l'expédition.

En outre, les bureaux de gare ne font pas porter les dépêches à domicile; les destinataires sont tenus de les envoyer prendre au bureau.

Désireux de simplifier autant que possible la correspondance, Le Verrier citait comme modèle aux maires la lettre suivante d'un de ces honorables fonctionnaires dont il n'a pas cru nécessaire d'immortaliser le laconisme:

J'envoie 20 francs pour le service agricole. Hauteur: 350 mètres.

Il lui a été répondu par le courrier:

Le baromètre est réglé et parti; le service commencera le 1er février.

L'Administration de l'Instruction publique verra avec satisfaction que le concours des instituteurs soit utilisé dans l'organisation des stations cantonales ou communales.

Des communes de l'Alsace-Lorraine ont demandé les avis agricoles, mais le gouvernement allemand a refusé d'autoriser la transmission. Il ne l'a accordée que dans le cas où l'on aurait à les prévenir que des orages les menacent.

Les chiffres suivants permettront de se faire facilement une idée de la prodigieuse rapidité avec laquelle le service agricole s'est développé dans toutes les parties du territoire, et surtout dans les départements les plus riches et les plus instruits.

Au 1er mai 1876 le service agricole ne fonctionnait encore qu'à l'état expérimental; il ne comprenait que 8 stations.

Un an après, au 1ᵉʳ mai 1877, le nombre de ses stations était déjà de 828.

Au 1ᵉʳ août de la même année, peu de temps avant la mort de Le Verrier, il était de 1149.

Ce triste événement n'a pas arrêté la progression. En avril 1878, le nombre s'élevait à 1469.

Enfin, au 1ᵉʳ mai 1878, quinze jours avant la signature du décret de séparation du service astronomique et du service météorologique, il montait à 1587.

Nul doute que la nouvelle organisation n'imprime au service agricole une impulsion vigoureuse et que, conformément au vœu de Le Verrier, il ne s'étende à toutes les communes ayant une station télégraphique.

Un certain nombre de ces 1587 communes ne possèdent pas encore de stations télégraphiques, mais leur conseil municipal envoie chaque matin un piéton chercher le télégramme météorologique à la station télégraphique la plus voisine.

Ce zèle remplissait de joie les derniers jours de Le Verrier et adoucissait l'amertume de ses souffrances. « J'ai construit un monument indestructible, se plaisait-il à dire ; je défie l'administration la plus hostile de supprimer le service des avertissements que j'ai créés et dont les plus pauvres habitants des campagnes deviendront les plus ardents défenseurs. »

Ses espérances allaient plus loin encore : il voyait, grâce au système des avertissements quotidiens, le Ministre de l'Intérieur en communication constante et directe avec toutes les communes de France.

« J'apprends à l'Administration, disait-il, à user du télégraphe et bientôt elle s'en servira pour tenir les populations au courant de tous les événements importants. La Météorologie n'aurait rendu que ce service au pays que je ne regretterais pas ma peine. »

Voici la liste complète de tous les départements avec le nombre de stations qu'ils possédaient à la date du 1er juin 1878 :

Ain	30	Corrèze	1
Aisne	20	Côte-d'Or	40
Allier	19	Côtes-du-Nord	4
Alpes (Basses-)	9	Creuse	4
Alpes (Hautes-)	21	Dordogne	2
Ardèche	6	Doubs	17
Ardennes	9	Drôme	4
Ariége	8	Eure	32
Aube	7	Eure-et-Loir	26
Aude	3	Finistère	4
Aveyron	8	Gard	3
Belfort	9	Garonne (Haute-)	17
Bouches-du-Rhône	3	Gers	9
Calvados	13	Gironde	13
Cantal	4	Hérault	3
Charente	20	Ille-et-Vilaine	9
Charente-Inférieure	7	Indre	16
Cher	13	Indre-et-Loire	11

Isère	29	Pyrénées (Basses-)	10
Jura	33	Pyrénées (Hautes-)	7
Landes	4	Pyrénées-Orientales	3
Loir-et-Cher	9	Rhône	17
Loire	19	Saône (Haute-)	10
Loire (Haute-)	11	Saône-et-Loire	12
Loire-Inférieure	3	Sarthe	27
Loiret	22	Savoie	4
Lot-et-Garonne	9	Savoie (Haute-)	17
Maine-et-Loire	14	Seine	18
Manche	16	Seine-Inférieure	27
Marne	5	Seine-et-Marne	21
Marne (Haute-)	16	Seine-et-Oise	55
Mayenne	4	Sèvres (Deux-)	27
Meurthe-et-Moselle	11	Somme	22
Meuse	12	Tarn	8
Morbihan	3	Tarn-et-Garonne	3
Nièvre	7	Vaucluse	4
Nord	21	Vendée	2
Oise	30	Vienne	36
Orne	12	Vienne (Haute-)	30
Pas-de-Calais	20	Vosges	17
Puy-de-Dôme	15	Yonne	23

INTERPRÉTATION DES AVIS QUOTIDIENS EN PRÉVISION DU TEMPS.

La détermination des vents est assez simple en pleine mer où rien ne gêne la route des courants aériens; mais il n'en est pas de même pour les stations terrestres, surtout pour celles qui sont situées loin des côtes. En effet, la route que suit l'air est nécessairement modifiée par le relief du sol. Sur les côtes mêmes, et à plus forte raison dans le voisinage des montagnes élevées, le courant général peut se trouver modifié par des brises locales provenant de l'échauffement en été et du refroidissement en hiver de la surface des continents; ceux-ci éprouvent en effet des variations de température que ne peut pas ressentir une grande masse d'eau.

Les courants aériens qui viennent de loin sont soumis eux-mêmes à des variations soudaines qui modifient leur transparence, leur état hygrométrique, ainsi que la nature et la tension de leur électricité.

Toutes ces difficultés compliquent singulièrement la tâche du météorologiste.

Aussi est-il nécessaire de tenir grandement compte des circonstances locales lorsque l'on veut faire usage des prévisions du service international.

Ces difficultés, inconnues à l'origine de l'organisation, vont en se multipliant avec le nombre des stations.

Comment les résoudre? C'est le problème que nous allons examiner d'une façon sommaire, mais suffisante pour rendre des services aux amateurs ou aux membres des Commissions départementales.

Comme nous avons essayé de l'expliquer, les données sont recueillies le plus souvent à des distances considérables. L'art des physiciens est d'en

déduire la prévision générale des grands mouvements de l'atmosphère et de rédiger des avis
adressés sur une vaste étendue de territoire. Ils ont
en vue la vérité moyenne dans une zone. Il n'en est
pas de même pour le correspondant du service agricole dont l'horizon est beaucoup plus restreint, et
qui ne doit trouver dans les avis de l'Observatoire
que l'indication d'une tendance générale.

Sa mission est de savoir si les troubles indiqués
atteindront le point précis où il observe.

Il lui est donc encore plus nécessaire qu'au
physicien de l'Observatoire national d'observer les
variations de son propre baromètre.

Aussi nous conseillerons de mettre le curseur
de l'anéroïde sur la place qu'occupe l'aiguille à
7ʰ du matin en été et à 8ʰ en hiver, c'est-à-dire à
l'heure qui correspond aux observations.

Lors de l'arrivée du télégramme de l'Observatoire, c'est-à-dire à 2ʰ, un simple coup d'œil mon-
trera à l'observateur si l'aiguille de son anéroïde
coïncide avec le curseur.

Si la baisse est faible (environ 1ᵐᵐ), on pourra
n'en pas tenir compte et supposer qu'elle est produite par l'oscillation barométrique diurne. Si la
baisse est notable et que le mauvais temps soit
signalé, on en conclura que le mauvais temps
arrive.

Dans l'interprétation de ces mouvements, les
stations maritimes devront tenir compte de l'heure
de la marée, surtout lors des syzygies, car la mer

descendante peut entraîner une petite baisse barométrique. Il faut également noter les heures habi-
tuelles de l'établissement des brises de mer et de
terre en été.

Ce concours fait défaut au physicien du service
agricole à moins que, comme certains météorologistes le supposent, les massifs montagneux ne
donnent naissance à des brises analogues, modi-
fiant d'une façon spéciale le climat particulier à la
région.

Dans toutes les parties de la France, on connaît
à l'avance le côté d'où viennent les orages. Il sera
prudent, dans les cas douteux, d'envoyer une
dépêche aux stations qui se trouvent sur le par-
cours probable des nuées électriques.

Le plus simple serait de convenir que les communes frappées par l'orage prévinssent celles qui
sont sous le vent de la tempête.

Nous recommanderons aux chefs des stations
télégraphiques d'afficher dans un cadre apparent
les interruptions de service, lorsqu'il y a lieu de
supposer qu'elles sont d'origine électrique, et de
signaler également avec soin les troubles électriques.

En effet, il est probable, comme nous l'avons
écrit il y a déjà nombre d'années (¹), que c'est la
nature elle-même qui, par les mouvements des
fluides naturels, a établi un véritable système

(¹) *Éclairs et tonnerres*, dans la collection des *Merveilles*.

d'avertissements universels, dont il suffirait peut-être de pénétrer le sens.

L'observateur local doit prêter grande attention à l'état des nuages; s'ils sont bas et noirs, marchant vite, il y a chance d'orage.

. Les chances d'orage arrivent à une quasi-certitude quand, dans ces circonstances, l'air est agité par des courants contradictoires. On peut s'en apercevoir en voyant les nuages marcher les uns contre les autres, et mieux en lançant dans l'air des petits ballons d'enfant, que l'on suit avec des jumelles. Je me trouve très-bien de ce procédé pour m'aider dans mes prévisions quotidiennes du journal *le Temps*, où je modifie, suivant mon inspiration personnelle, les indications de l'Observatoire.

Je dois ici remercier l'administration des Grands Magasins du Louvre, qui met gratuitement à ma disposition tous les ballons nécessaires (¹).

Les pays de montagnes, où l'on voit des cimes se couvrir et se découvrir suivant l'état du temps, possèdent des indications naturelles très-précieuses dont il faut tirer parti.

Tout le monde sait en effet que, si les nuages sont bas, le temps devient généralement mauvais; il

---

(¹) Les observations ont été interrompues depuis quelque temps; elles seront reprises l'an prochain d'une façon plus régulière et, je l'espère, avec de plus grands moyens d'action. Je n'ai nul doute qu'elles ne soient encore plus fructueuses.

s'améliore, au contraire, quand les nuages s'élèvent.

Il est bon de remarquer que le temps procède toujours par séries, comme si des influences générales pesaient sur toute l'évolution météorologique pendant une période de temps plus ou moins prolongée.

Les aurores boréales, comme nous venons de le faire pressentir, sont souvent un présage de l'arrivée du mauvais temps à courte échéance. Il en est de même de l'apparition des cercles colorés autour du Soleil et de la Lune.

Il est bon d'avoir sous les yeux l'indication de la veille; aussi insisterons-nous pour que l'on construise des boîtes doubles.

Au bout de quelques mois d'observations, il se trouvera dans toutes les campagnes des gens intelligents, qui arriveront à acquérir une grande sûreté de coup d'œil à l'aide des renseignements expédiés de Paris.

Ce n'est donc pas former un vœu indiscret que de souhaiter que dans chaque commune l'instituteur prenne l'habitude de tracer une carte provisoire de l'état du jour, à l'aide des renseignements contenus dans le télégramme quotidien du Bureau météorologique.

L'étude de la Météorologie considérée au point de vue pratique ne se borne pas à l'accumulation indéfinie de mesures barométriques et thermométriques, dont l'exactitude même finit par être une dérision.

« L'étude des grêles, dit M. Le Verrier, sera l'objet d'une attention particulière. Il faut arriver à connaître quelle peut être l'influence des bois, des collines, des cours d'eau sur un phénomène dont l'action est trop souvent désastreuse.

» Les gelées tardives du printemps causent de grandes pertes à l'Agriculture. On a souvent dit qu'on pourrait peut-être en conjurer l'effet par l'emploi de la fumée. Il faut aussi que cette question soit résolue. Les pertes qu'il s'agirait d'atténuer se chiffrant par millions dans certains départements, on pourrait sans doute réunir les ressources nécessaires pour quelques expériences pratiques; mais il faudrait qu'elles fussent étendues à la fois à une grande surface de pays, à l'ensemble d'une vallée. Lorsque, du haut des collines, on assiste à la combustion en usage des herbes, on est frappé de la façon dont disparaissent à la vue toutes les parties de la vallée, et l'on ne peut s'empêcher de croire que, si l'on arrêtait ainsi les rayonnements nocturnes dangereux au printemps, il en pourrait résulter des avantages.

» Les avertissements relatifs aux inondations sont aussi d'une grande importance : l'attention a été trop fortement excitée à cet égard dans les dernières années pour qu'il soit besoin d'insister ; mais les ingénieurs des Ponts et Chaussées et des Mines sont chargés de cet important service, et nous devons seulement conclure ici à la nécessité d'assurer leur concours aux Commissions météorologiques.

» Ces travaux serviront de base à la constitution de l'*Atlas météorologique* de la France, qui sera chaque année présenté aux Conseils généraux.

C'est à 1863, époque où M. Duruy fut nommé Ministre de l'Instruction publique, qu'il faut remonter pour comprendre la portée du décret du 14 mai 1878. En effet, Le Verrier trouva pendant quelques années auprès de la haute Administration l'appui nécessaire pour préparer l'institution du service agricole.

En même temps qu'il organisait les avertissements à la marine, qu'il se livrait à ses hautes études astronomiques et qu'il prenait part à d'ardentes polémiques dirigées contre sa direction, l'illustre astronome obtenait l'établissement dans chaque département d'une Commission météorologique ; il s'efforçait de provoquer la fédération des départements voisins sous le titre de *régions météorologiques*.

Avec l'aide de l'Association Scientifique de France, il arrivait à constituer les comités régionaux du sud-ouest, de l'ouest océanien et de l'est méditerranéen. Il donnait l'exemple de la distribution de la France en régions météorologiques naturelles, dans chacune desquelles il voulait constituer une sorte de bureau météorologique régional et plusieurs observatoires départementaux ou régionaux.

Appréciant en même temps l'importance du concours des futurs instituteurs de la jeunesse, il obtenait du Ministre l'autorisation de faire exécuter dans toutes les écoles normales primaires des observations météorologiques ; il faisait attribuer à ces observatoires des instruments excellents, incessamment comparés et périodiquement inspectés. En un mot, il fondait sur des bases indestructibles la climatologie française.

L'enthousiasme pour ces créations était si grand parmi les jeunes instituteurs, qu'il trouvait parmi eux des collaborateurs dévoués pour les observations d'étoiles filantes et que, malgré tant d'événements, 5o écoles normales exécutent encore au-

8

jourd'hui les observations trihoraires, et que,
sur ces 5o, plus de 20 les font sans interruption,
même pendant les jours de fête et les vacances.

Enfin, après avoir fondé le service des avertissements et celui de la climatologie, il institua celui
des *mouvements généraux de l'atmosphère* et en
publia les résultats dans un atlas dont il confia,
dans le principe, la rédaction à M. Sonrel, jeune
physicien qu'une mort prématurée a enlevé à la
Science.

Ces notions historiques étant connues, il n'est
plus nécessaire de donner un autre commentaire
du décret du 14 mai 1878, dont nous nous bor-
nons à reproduire les clauses législatives.

Art. 1er. — La division météorologique de l'Observatoire de Paris forme un service distinct qui prend le titre
de *Bureau central météorologique*.

Ce service comprend l'étude des mouvements de l'atmosphère, les avertissements météorologiques aux ports
et à l'agriculture, l'organisation des observatoires météorologiques et des commissions régionales ou départementales, la publication de leurs travaux et l'ensemble
des recherches de Météorologie ou de Climatologie.

Art. 2. — Le service météorologique de France comprend des météorologistes titulaires, des météorologistes
adjoints et des aides-météorologistes.

Le traitement des météorologistes titulaires varie de
3000 à 10000 fr.

Les météorologistes adjoints sont partagés en trois
classes dont les traitements varient de 2500 à 5000 fr.

Les aides-météorologistes sont partagés en deux classes dont les traitements varient de 1500 à 2000 fr.

Ce personnel est réparti entre le bureau central et les observatoires régionaux ou départementaux, en raison des besoins de ces établissements.

ART. 3. — Le personnel scientifique du bureau central comprend : un météorologiste titulaire faisant fonctions de directeur, deux météorologistes titulaires placés sous son autorité, des météorologistes adjoints, des aides-météorologistes.

L'un des météorologistes adjoints ou des aides-météorologistes remplit les fonctions de secrétaire du bureau central.

ART. 4. — Le météorologiste directeur est chargé du service général de l'établissement, de la correspondance, de la présentation au Ministre du projet du budget annuel, du service météorologique, du compte détaillé des dépenses en fin d'exercice. Il doit assurer la coordination et l'exécution des travaux qui réclament le concours des différents services placés sous ses ordres et veiller à la régularité des publications. Aucune commande ne peut être faite sans son autorisation.

ART. 5. — Les travaux scientifiques sont répartis comme il suit :

1° Service des avertissements aux ports et à l'agriculture ;

2° Service des mouvements généraux de l'atmosphère ;

3° Service de la climatologie et des inspections.

Chacun des chefs de service remet chaque mois au directeur un Rapport sommaire sur la marche des travaux, et porte directement devant le comité institué par l'article ci-après les questions scientifiques de son service.

Art. 6. — Les météorologistes chefs de service se réunissent une fois par mois, à jour fixe, en comité, sous la présidence du directeur. Ce comité peut être réuni extraordinairement sur la convocation de ce fonctionnaire.

Art. 7. — Les météorologistes titulaires et le directeur sont nommés par décret sur la proposition du Ministre et après avis du Conseil, dont il sera parlé ci-après. Les météorologistes adjoints et les aides-météorologistes sont nommés par arrêtés, le même Conseil entendu.

Art. 8. — Les météorologistes chefs de service des observatoires météorologiques régionaux sont placés sous l'autorité du directeur des services du bureau central. Chacun de ces fonctionnaires adresse au bureau central, sous le couvert du Ministre, les observations et les travaux de son établissement. Il propose au conseil, par l'intermédiaire du directeur des services du bureau central, les avancements de grade ou de classe des fonctionnaires placés sous ses ordres.

Art. 9. — Les observatoires météorologiques et les stations de tout ordre sont visités annuellement par le météorologiste du bureau central chargé du service de la climatologie et des inspections. Ils peuvent être également visités par le directeur du bureau ou par un membre du Conseil désigné à cet effet. Dans le cas où les départements ou les villes contribueraient aux dépenses d'un observatoire météorologique, l'inspection a lieu de concert avec le délégué du conseil général ou du conseil municipal intéressé.

Art. 10. — Il est établi près du bureau central météorologique un conseil composé :

1° D'un représentant de chacun des Ministères de l'Agriculture et du Commerce, des Travaux publics, de la Guerre, de la Marine, des Affaires étrangères, de l'Intérieur, et de l'Administration des lignes télégraphiques ;

2° De deux délégués du Ministère de l'Instruction publique ;

3° De deux membres de l'Académie des Sciences ;

4° Du météorologiste chargé des fonctions de directeur du bureau central.

Les chefs des services spéciaux du bureau sont admis au conseil, avec voix consultative, pour les questions qui les intéressent.

Les membres du Conseil sont nommés pour trois ans, par décret, sur la proposition du Ministre de l'Instruction publique.

Art. 11. — Le Conseil du bureau central météorologique se réunit une fois par trimestre, à jour fixe. Il peut être réuni extraordinairement, sur la convocation du Ministre.

Le Conseil donne son avis sur le projet de budget proposé par le directeur, sur les constructions de bâtiments ou d'instruments destinés aux observatoires météorologiques régionaux, sur l'ensemble des études à poursuivre dans les divers établissements, sur les nominations et promotions des fonctionnaires, sur les modifications d'attributions qu'il conviendrait d'opérer dans l'intérêt des services, sur les mesures disciplinaires.

Art. 12. — Le président, le vice-président et le secrétaire du Conseil sont nommés annuellement par le Ministre, sur la proposition du Conseil.

Art. 13. — Le Conseil se réunit une fois par an en séance générale, à laquelle peuvent assister les météoro-

8.

logistes chefs de service du bureau central et des observatoires météorologiques régionaux, les délégués des commissions régionales et départementales, les délégués de la Société météorologique de France.

Un règlement délibéré en conseil et approuvé par le Ministre déterminera le mode et le nombre de ces délégations.

L'assemblée entend le Rapport du président du Conseil sur les travaux de l'année et, s'il y a lieu, les rapports et Mémoires des chefs de service des observatoires subventionnés et ceux des délégués des commissions régionales ou départementales.

Elle discute les vœux qui lui sont présentés et les transmet au Ministre avec son avis.

Le Rapport du président sera imprimé.

ART. 14. — Le Ministre de l'Instruction publique, des Cultes et des Beaux-Arts, est chargé de l'exécution du présent arrêté.

Il faut ajouter à ce qui précède que Le Verrier a constamment patronné la création de l'observatoire du Puy-de-Dôme, et que, quoi qu'on en ait pu dire, il n'a jamais été hostile à celle de l'observatoire du Pic du Midi.

Ces deux observatoires, avec celui du mont Ventoux, dont la création vient d'être décidée par le Conseil général de Vaucluse, constitueront les trois sentinelles avancées de la Météorologie française.

Les observatoires régionaux ou départementaux dont il est parlé dans le décret sont, outre les précédents, ceux de Toulouse, de Montpellier, de Clermont-Ferrand, de Lyon, de Montsouris, de Besançon et quelques autres non encore organisés à ce jour.

QUELQUES AVIS UTILES.

On peut dire, en général, que plus les courants aériens sont rapides, plus ils ont de chances de se propager dans la direction de leur marche, à moins qu'ils n'en soient empêchés par des chaînes de montagnes d'une hauteur notable. La position géographique de la station doit donc être examinée avec un soin scrupuleux.

Les habitants de la campagne ont des dictons locaux que les correspondants agricoles du service international pourront mettre à profit, en les employant cependant avec discernement.

Cependant il y a des vents qui semblent produits par aspiration, et qui se propagent en sens inverse de leur mouvement naturel. Il serait bon de saisir les différences existant entre ces vents et les vents ordinaires.

On pourra le faire quand on aura pris l'habitude de noter et de télégraphier sur la route d'un grand vent le moment où il a commencé à se produire. Si c'est un vent d'aspiration, les stations d'amont seront en retard, et celles d'aval en avance.

Il faut prêter une grande attention à l'annonce de violentes tempêtes, même en Amérique ou en

Algérie; cependant il est impossible, dans l'état
actuel de la Science, de dire exactement quels seront les points frappés.

Il est bon de décrire les phénomènes curieux,
les circonstances bizarres, et de les envoyer aux
journaux du département.

La baisse ou la hausse rapide du baromètre indique généralement un temps qui ne durera pas.
Une hausse ou une baisse graduelle ont plus de
de chances de durée.

Symptômes barométriques de l'arrivée de la pluie.

Une augmentation brusque de 1 ou 2^{mm}, surtout
quand le baromètre est bas, indique l'arrivée de la
pluie.

La pluie est en effet produite par la rencontre
de deux masses d'air de température différente. La
plus froide précipite une partie de l'eau que l'autre
retient suspendue à l'état de vapeur.

Une pluie véritablement abondante ne se produit guère qu'au moment d'une légère remonte.
On le voit dans les courbes du baromètre enre-
gistreur observées pendant les grands orages.

La rosée est, au contraire, produite par le refroidissement d'un air calme. Ce même phénomène
peut donner lieu à la chute d'un brouillard ou à
une pluie fine d'un caractère particulier. La Météorologie étant avant tout une science naturelle,

il ne serait pas sage de faire abstraction des symptômes que nous offre la nature, tels que le cri des batraciens, le vol désordonné des oiseaux, etc.

Quelle que soit l'origine de l'instinct des animaux, il semble en effet qu'ils soient moins souvent pris en défaut que les hommes.

Toutefois ces données élémentaires ne sauraient jamais être isolées des mouvements du baromètre

Interprétation des lignes isobares.

Quelle que soit l'étonnante variété des lignes isobares, on peut dire que les hautes pressions ne peuvent régner dans le nord de l'Europe sans devenir favorables au courant nord. La disposition inverse est favorable au courant sud. En général, l'air s'écoule dans le sens des pressions diminuantes.

Les situations mixtes sont difficiles à interpréter sans entrer dans de nombreux détails et sans une grande habitude de la part de l'observateur. Les pronostics sont d'autant plus difficiles à en tirer, que les cartes du service international ne représentent, comme nous l'avons dit, qu'un état idéal ; de plus, lorsque l'abonné reçoit le *Bulletin*, il a sous les yeux le relevé d'un état météorologique qui n'est plus celui du jour présent.

Ce qu'indique un baromètre stationnaire au-dessus de la moyenne.

Si le baromètre se tient au-dessus de sa hauteur moyenne, il y a, en général, probabilité de temps *beau et sec*. En hiver, le froid est souvent extrême au soleil; en été, il est quelquefois remarquablement chaud au soleil avec de l'air à l'ombre.

Ce régime est amené par le vent polaire. Il est stable quand ce courant règne à terre et s'étend jusque dans la haute atmosphère. Le beau temps n'est point entamé si le baromètre éprouve de légères ondulations, au lieu de demeurer dans un état de repos complet.

Avec une pareille disposition, les orages d'été ne sont point à craindre : on n'a à redouter que la sécheresse.

En hiver, on peut avoir de la neige sous l'influence d'une couche de vent tropical, amenant une certaine quantité d'air chaud dans la haute atmosphère; l'humidité de cet air est condensée par le froid de la couche inférieure sous forme de neige. Cette chute de neige est toujours précédée par une baisse plus ou moins lointaine, assez notable pour être relatée dans les télégrammes de l'Observatoire. Cette baisse se manifeste dans la station par une ondulation quelquefois faible, mais toujours sensible avant la chute de la neige.

Ce qu'indique un baromètre au-dessous de la moyenne.

Cette situation est dangereuse aussi bien en été qu'en hiver. Elle peut donner lieu à des pluies violentes, à des neiges abondantes, et surtout en été à des orages.

En été, elle coïncide avec des temps étouffants, mais, dans les autres saisons, elle n'exclut pas des temps magnifiques.

En hiver, la situation peut n'être pas compromise par une baisse, même notable. Le danger sérieux commence lors de l'interruption de la baisse à la remonte : c'est alors en effet qu'un courant nord vient rencontrer dans la haute atmosphère le courant tropical qui régnait à terre ; ce courant lointain précipite le plus souvent l'humidité des couches supérieures avec tant de rapidité que la pluie est extraordinairement abondante. Les Traités de Physique et les journaux racontent des histoires d'averses qui paraissent positivement fabuleuses. C'est la zone de combat où les vents se rencontrent qui est toujours arrosée d'une façon plus ou moins intense.

SYMPTOMES DU BAROMÈTRE AU LEVER ET AU COUCHER DU SOLEIL.

Un temps gris le matin, du moins à Paris, n'est pas d'un défavorable augure, mais il faut qu'il

tende à s'éclaircir, à mesure qu'on approche du
milieu de la journée ; si on le voit s'assombrir, il y
a chance de pluie.

Le temps clair le matin est dangereux, à moins
que le baromètre ne soit haut et que les télégrammes de l'Observatoire ne soient favorables.
Dans ce cas, on est à peu près certain d'avoir une
journée magnifique.

Les nuages mamelonnés, donnant des ombres
noires, renferment de la neige en hiver, de la grêle
en été.

Le ciel, tout à fait noir à l'horizon quand le
Soleil se couche, n'est pas une menace pour la nuit ;
c'est une preuve que la sécheresse a été grande
pendant le jour qui vient de finir, car ce sont les
poussières de l'air qui encombrent l'atmosphère.

Les nuages les plus menaçants au coucher du
soleil se dispersent souvent sans pluie, à moins
qu'ils ne prennent une couleur plombée. Il y a
alors menace d'orage prêt à éclater.

Les mouvements du baromètre doivent être surtout observés scrupuleusement le matin et le soir,
si l'on veut faire de la Météorologie sérieuse. Ces
études sont faciles avec les enregistreurs. L'allure
normale est une tendance à la hausse le matin et à
la baisse le soir.

Il ne faut attacher qu'une importance relative à
chacun des symptômes enregistrés, mais les combiner tous avec les renseignements que donne le
service international, ainsi qu'avec les impressions

physiques que l'on éprouve et les souvenirs personnels que l'on a recueillis sous forme de notes.

La science de la prédiction du temps aura quelque chose de conjectural aussi longtemps que la théorie des influences qui agissent sur l'atmosphère n'aura point été établie; mais nous sommes persuadé que, plus l'on avancera dans cette étude, plus on reconnaîtra l'importance de l'étude du baromètre. Avec son aide, les marins arrivent à une sûreté très-grande dans leurs prédictions spéciales. Les navigateurs qui fréquentent certaines mers peuvent être considérés comme infaillibles; pourquoi n'en serait-il pas de même des agriculteurs?

Toutefois, il ne faut pas se faire illusion à cet égard. Le baromètre, surtout pour les prévisions agricoles, ne peut donner que des indications provisoires : car souvent on reconnaît qu'il pleut quand le baromètre est au beau et qu'il fait beau quand le baromètre marque la tempête.

L'art du physicien est de déterminer la raison de ces contradictions apparentes; nous aurons réussi au gré de nos désirs si, dans ce qui précède, nous sommes parvenu à donner quelques moyens de les expliquer.

Le régime des prévisions à longue échéance ne commencera que lorsqu'on aura saisi les lois qui régissent les modifications du temps, lois probablement d'origine astronomique.

L'étude des influences astrales n'est pas com-

9

mencée, pas même ébauchée : elle n'a été tentée
que par des charlatans qui l'ont couverte d'un véritable discrédit ; mais cette branche de la Météorologie donnera peut-être la clef des phénomènes
météorologiques plus rapidement qu'on ne le
pense, s'il y a quelque réalité dans les théories nou-
velles sur l'influence des taches du Soleil ou sur
les mouvements de l'aiguille aimantée.

Toutefois, avant de s'y livrer d'une façon qui ne
soit pas purement puérile, il faut commencer par
écrire les Mémoires du temps, et savoir ce que les
saisons ont été pour les différents lieux de la Terre.
Un travail de ce genre, qui suffirait pour immortaliser son auteur, vient à peine de recevoir un
commencement d'exécution. L'histoire nette et
précise des changements de temps, des orages,
leur origine, leurs routes, leurs incidents, ne sont
relatés d'une façon un peu complète que dans
l'*Atlas des mouvements généraux de l'atmosphère*.

LIAISON DES INDICATIONS DU BAROMÈTRE AVEC CELLE DES AUTRES INSTRUMENTS.

Charles Sainte-Claire Deville avait imaginé de
comparer systématiquement les mouvements du
baromètre à ceux du thermomètre, ce qui est une
idée féconde à laquelle il attachait peut être trop
d'importance. Sans rien exagérer, on peut dire
que les mouvements des deux courbes ont lieu
généralement en direction inverse. On peut s'en

assurer en voyant les diagrammes que nous avons publiés dans le journal *l'Illustration,* pendant le courant de l'année 1876.

Quand le mercure est élevé, l'élévation graduelle du thermomètre indique la stabilité du beau temps, surtout si la différence entre le minimum nocturne et le maximum diurne est considérable.

Lorsque la pression est faible, l'augmentation de la quantité de chaleur constate la prépondérance du courant tropical et du temps orageux. Le symptôme augmente de gravité lorsque la différence entre le maximum diurne et le minimum nocturne va en diminuant, c'est-à-dire lorsque le thermomètre tend au repos.

Il faut pourtant remarquer que les inflexions du thermomètre ne peuvent marcher assez régulièrement pour servir de symptômes précurseurs à ceux du baromètre. En effet, l'absence ou la présence du Soleil, qui ne produit que des oscillations insignifiantes sur les courbes barométriques, en amène nécessairement de très-profondes sur les courbes thermométriques.

C'est sans doute à l'étude de l'électricité atmosphérique qu'il faudra avoir recours pour permettre réellement aux prévisions du service international d'acquérir le degré de certitude qui leur manque trop souvent.

Quelques faits constatés récemment en Angleterre, où l'usage de l'électromètre de Thompson est introduit dans la pratique des observatoires, doivent être cités pour montrer qu'il n'est pas impossible d'espérer que la détermination de la tension électrique de l'air donnera aux météorologistes le fil conducteur inutilement demandé jusqu'ici au baromètre.

Il n'y a pas de bourrasque qui ne soit précédée ou au moins accompagnée de variations violentes dans la tension électrique de l'air, ou même de renversement. Au contraire, la tension varie peu dans les temps calmes.

Ces changements d'état électrique sont surtout notables dans les cas où la pression barométrique augmente ou diminue sur toute l'étendue des Iles-Britanniques ou même du continent européen.

M. Palmieri, le savant directeur de l'Observatoire du Vésuve, a même été plus loin. A l'aide de mesures précises et répétées, il a démontré qu'une colonne de pluie ne peut s'approcher d'une station quelconque sans que les mouvements désordonnés de l'électricité ne révèlent ce qui se prépare.

La sensibilité de l'appareil qu'il indique est si grande, que la zone des avertissements peut s'étendre à 70^{km} de la station où les électromètres sont établis. Dans l'état actuel de la science électrique, on peut dire que pas une goutte d'eau ne tomberait sur le département de la Seine et sur les communes limitrophes sans qu'un stationnaire placé à l'Observatoire en fût averti.

Dans les derniers temps de l'Empire, M. Duruy m'écrivit officiellement de vouloir bien passer dans son cabinet, et m'entretint des grandes innovations qu'il projetait d'introduire dans l'organisation du service météorologique, innovations réalisées depuis par M. Bardoux.

« La Météorologie, me dit ce Ministre éclairé qui oubliait les divergences d'opinions politiques quand l'intérêt des sciences était en jeu, va avoir ses observatoires et ses laboratoires. »

— Il ne lui manquera que ses ballons », dis-je en me retirant.

Si quelque Ministre républicain me faisait le même honneur, je ne lui donnerais pas une réponse bien différente.

La pratique et l'étude des ascensions aérostatiques viendront augmenter le nombre des documents dont la Météorologie dispose ; elles habitueront les savants à interpréter les symptômes de l'air, à se rendre compte de la forme et de la nature des nuages. Le progrès surtout sera réel lorsqu'on sera arrivé à diriger les aérostats et qu'on pourra suivre la même couche d'air de manière à l'étudier successivement et à se rendre compte des modifications que la hauteur du Soleil et de la Lune amène dans le régime des régions où la couche d'air se trouve emportée.

La Météorologie est une science naturelle dans laquelle les connaissances de Physique et d'Astronomie sont mises en jeu, mais dont les formules rudimentaires ne sont pas susceptibles d'être soumises au Calcul algébrique ou infinitésimal.

Quant à la prévision du temps, elle réclame la science du physicien, mais surtout la pratique du marin et le flair du paysan.

Dans la période actuelle, ce sont ces dernières qualités qui sont le plus indispensables. C'est encore pendant longtemps sous le chaume que la Météorologie sera cultivée avec le plus de succès et que la prévision du temps, créée par Le Verrier, trouvera ses plus habiles adeptes.

Nous serons au comble de nos vœux si, quelles que soient les critiques dont les savants les plus illustres peuvent cribler notre opuscule, nous sommes parvenu à faire comprendre aux météorologistes ruraux l'importance du secours que la Physique et l'Astronomie leur donnent pour tirer parti du sens exquis que l'habitude de la vie des champs leur a donnée.

Quelque respect qu'ils professent, ainsi que nous, pour les avis expédiés par le Bureau central de France en prévision du temps, nous les engageons à regarder encore, comme le faisait Théophraste, si la grenouille a grimpé au haut de son échelle et si l'hirondelle rase la terre pour saisir au vol les petits êtres que l'approche de l'orage fait sortir des sillons.

FIN.

TABLE DES MATIÈRES.

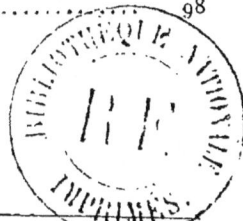

3971   Paris. — Imp. Gauthier-Villars, quai des Grands-Augustins, 55.

www.ingramcontent.com/pod-product-compliance
Lightning Source LLC
Chambersburg PA
CBHW052049270326
41931CB00012B/2695